Descobrir Jogos Online Grátis

Disponível Aqui:

BestActivityBooks.com/FREEGAMES

5 DICAS PARA COMEÇAR

1) CÓMO RESOLVER LAS SOPA DE LETRAS

Os puzzles têm um formato clássico:

- As palavras estão escondidas sem espaços ou hífenes,...
- Orientação: As palavras podem ser escritas para a frente, para trás, para cima, para baixo ou na diagonal (podem ser invertidas).
- As palavras podem sobrepor-se ou intersectar-se.

2) APRENDIZAGEM ACTIVA

Ao lado de cada palavra há um espaço para anotar a tradução. Para encorajar a aprendizagem activa, um **DICIONÁRIO** no final desta edição permitir-lhe-á verificar e expandir os seus conhecimentos. Procure e anote as traduções, encontre-as no puzzle e adicione-as ao seu vocabulário!

3) MARCAR AS PALAVRAS

Pode inventar o seu próprio sistema de marcação - talvez já use um? Pode também, por exemplo, marcar palavras difíceis de encontrar com uma cruz, palavras favoritas com uma estrela, palavras novas com um triângulo, palavras raras com um diamante, e assim por diante.

4) ESTRUTURANDO A APRENDIZAGEM

Esta edição oferece um **CADERNO DE NOTAS** prático no final do livro. Nas férias, em viagem ou em casa, pode facilmente organizar os seus novos conhecimentos sem a necessidade de um segundo caderno!

5) JÁ TERMINOU TODAS AS GRELHAS?

Nas últimas páginas deste livro, na secção **DESAFIO FINAL**, encontrará um jogo gratuito!

Rápido e fácil! Consulte a nossa colecção de livros de actividades para o seu próximo momento de diversão e **aprendizagem**, a apenas um clique de distância!

Encontre o seu próximo desafio em:

BestActivityBooks.com/MeuProximoLivro

Aos vossos lugares, preparem-se...Vão!

Sabia que existem cerca de 7.000 línguas diferentes no mundo? As palavras são preciosas.

Adoramos línguas e temos trabalhado arduamente para criar livros da mais alta qualidade para si. Os nossos ingredientes?

Uma selecção de tópicos adequados à aprendizagem, três boas porções de entretenimento, e depois acrescentamos uma colherada de palavras difíceis e uma pitada de palavras raras. Servimo-los com amor e máximo divertimento, para que possa resolver os melhores jogos de palavras e se divirta a aprender!

A sua opinião é essencial. Pode participar activamente no sucesso deste livro, deixando-nos um comentário. Gostaríamos de saber o que mais lhe agradou nesta edição.

Aqui está um link rápido para a sua página de encomendas:

BestBooksActivity.com/Avaliacoes50

Obrigado pela vossa ajuda e divirtam-se!

A Equipa Inteira

1 - Dirigindo

```
T  H  D  P  T  M  P  L  T  I  U  E  P  O  S
Q  A  A  Z  A  K  J  U  G  P  H  G  Z  D  P
J  Y  Ş  R  S  M  I  B  J  Q  T  I  C  T  N
A  A  H  I  İ  C  V  A  L  U  J  H  N  F  P
R  Y  I  O  M  T  L  E  Y  A  K  I  T  R  Q
A  Y  I  H  J  A  A  T  K  B  İ  A  E  E  Q
G  A  Z  H  Q  U  C  G  S  A  F  E  L  N  E
D  O  B  B  L  B  G  I  İ  R  A  M  K  L  M
V  I  E  B  Z  F  K  J  L  A  R  N  İ  E  T
K  Q  K  C  S  B  T  S  O  I  T  İ  S  R  J
O  D  I  K  N  G  F  Q  P  R  K  Y  O  H  Y
C  N  L  A  A  S  O  K  A  K  C  E  T  C  O
C  T  H  G  S  T  H  T  T  R  O  T  O  M  L
B  Q  E  F  İ  H  H  J  G  V  Q  Q  M  A  J
N  B  T  B  L  E  N  Ü  T  M  Q  A  U  U  B
```

KAZA	MOTOSİKLET
ARABA	MOTOR
YAKIT	YAYA
DIKKAT	TEHLIKE
YOL	POLİS
FRENLER	SOKAK
GARAJ	EMNİYET
GAZ	TAŞIMACILIK
LİSANS	TRAFİK
HARİTA	TÜNEL

2 - Antiguidades

```
P E N S Y M R N O V S S Y O J
P T S J B Ü B D E Ğ E R Z L C
Z R J E Q B Z I Y R F K A A V
P H N K K S D Y T V I N R Ğ Q
P Ş A R T N F T I Z Y O R A Q
F İ T A R O K E D L A Y H N M
Z A R I F T C L R C T S L D V
M F Z E Y C A P S E O A A I B
O P G E L K C R O L R R Y Ş U
H V N H J A N Y Z T F O L I Y
H E Y K E L G O T A N T I K A
S F Y A T I R I M N Y S B O Ş
B G T U P F O U J A P E O E B
K A L I T E K K İ S E R M T T
D V Q F G R F N T R T R Y Q D
```

SANAT
OTANTIK
ŞART
DEKORATİF
ZARIF
HEYKEL
TARZ
GALERİ
OLAĞAN DIŞI

YATIRIM
MOBILYA
SİKKE
FIYAT
KALITE
RESTORASYON
YÜZYIL
DEĞER
YAŞ

3 - Churrascos

```
D  Y  A  Z  O  T  A  V  U  K  A  Ç  I  B  T
L  A  Y  Y  I  Y  F  M  M  G  E  O  D  Z  U
Y  S  V  A  Q  T  U  C  G  J  C  C  L  S  Z
M  P  S  E  J  E  U  N  E  N  Z  U  D  E  E
Z  S  G  E  T  B  K  I  Ç  A  K  V  B  I
N  K  Q  P  P  P  V  V  I  A  B  L  I  Z  Z
A  R  K  A  D  A  Ş  L  A  R  R  A  M  E  G
Ğ  A  A  Z  M  M  Q  M  L  A  G  R  Ü  L  A
O  L  C  P  A  E  M  K  Q  O  I  D  Z  E  R
S  A  I  C  A  O  Y  S  Q  Q  N  Z  I  R  A
R  T  S  J  H  J  U  V  D  E  T  V  K  F  Y
Y  A  N  N  R  E  L  S  E  T  A  M  O  D  O
A  L  V  Q  T  G  J  L  E  N  S  H  L  P  L
F  A  B  O  R  R  I  B  I  B  E  R  Y  C  T
E  S  C  F  V  J  V  Y  S  O  S  Y  K  S  R
```

ARKADAŞLAR	OYUNLAR
SOĞAN	SEBZELER
DAVET	SOS
ÇOCUKLAR	MÜZIK
BIÇAK	BIBER
AILE	SICAK
AÇLIK	TUZ
TAVUK	SALATALAR
MEYVE	DOMATESLER
IZGARA	YAZ

4 - Geologia

R	I	K	M	E	R	P	E	D	A	E	C	K	I	I
B	T	J	U	E	J	A	R	L	I	R	B	A	Z	F
O	A	F	V	V	R	S	E	T	P	O	A	T	Z	T
K	Ş	R	H	H	A	C	S	N	V	Z	M	M	G	U
Z	A	E	P	K	V	R	A	K	R	Y	Q	A	C	Z
L	T	L	K	I	T	A	S	N	Y	O	U	N	V	T
F	A	Ü	S	T	P	Q	C	J	A	N	B	O	J	N
Y	Y	G	Q	İ	G	G	Z	E	Y	B	Ö	L	G	E
L	F	N	C	S	Y	L	A	V	L	F	O	S	İ	L
L	O	Ö	S	A	L	U	H	N	A	K	L	O	V	C
P	Z	D	R	Z	T	R	M	M	A	Ğ	A	R	A	V
J	K	H	L	M	İ	N	E	R	A	L	L	E	R	R
K	R	İ	S	T	A	L	L	E	R	U	E	U	P	G
Z	C	Z	K	L	T	G	Y	S	A	R	K	I	T	O
G	R	I	E	O	F	M	Q	U	U	P	K	S	G	E

ASİT	FOSİL
KATMAN	LAV
MAĞARA	MİNERALLER
KALSİYUM	TAŞ
DÖNGÜLER	YAYLA
KITA	KUVARS
MERCAN	TUZ
KRİSTALLER	DEPREM
EROZYON	VOLKAN
SARKIT	BÖLGE

5 - Ética

```
I  İ  N  S  A  N  L  I  K  M  Ö  T  G  P  S
L  Y  T  K  B  Z  I  T  N  E  Z  O  E  L  A
Z  K  I  L  E  G  L  I  B  R  G  L  R  U  S
İ  D  L  M  S  A  B  I  R  H  E  E  Ç  A  Q
Ş  E  I  F  S  B  I  J  Z  A  C  R  E  F  N
B  Ğ  G  E  H  E  Ü  T  J  M  I  A  K  S  B
İ  E  Y  D  E  F  R  T  G  E  L  N  Ç  H  D
R  R  A  V  D  E  Z  L  Ü  T  I  S  İ  A  Ü
L  L  S  J  D  S  G  U  I  N  K  C  L  Y  R
İ  E  Z  P  Z  L  G  K  C  K  L  P  İ  S  Ü
Ğ  R  R  D  T  E  K  A  Z  E  N  Ü  K  I  S
İ  L  U  Z  S  F  S  M  G  K  U  L  K  Y  T
R  A  S  Y  O  N  A  L  I  T  E  G  P  E  L
B  İ  R  E  Y  C  İ  L  İ  K  S  J  I  T  Ü
D  İ  P  L  O  M  A  T  İ  K  D  A  I  M  K
```

ÖZGECILIK
NEZAKET
MERHAMET
İŞBİRLİĞİ
HAYSIYET
DİPLOMATİK
FELSEFE
DÜRÜSTLÜK
İNSANLIK
BİREYCİLİK

BÜTÜNLÜK
IYIMSERLIK
SABIR
RASYONALITE
MAKUL
GERÇEKÇİLİK
SAYGILI
BILGELIK
TOLERANS
DEĞERLER

6 - Tempo

```
D  N  Z  I  V  H  N  A  G  E  L  E  C  E  K
Q  B  J  F  F  A  K  İ  K  A  D  O  R  B  Q
Ö  N  C  E  N  F  K  K  M  K  I  L  L  I  Y
U  N  J  O  Y  T  N  C  G  E  Ç  M  I  Ş  A
L  O  U  N  Ü  A  A  H  B  B  V  V  Y  K  M
R  L  S  Y  Z  Y  K  A  F  Ş  I  C  R  K  R
P  J  A  I  Y  T  I  B  S  I  L  T  E  Q  N
K  L  R  L  I  A  N  A  Z  M  O  F  S  N  A
F  G  O  C  L  N  Q  S  K  D  O  T  Q  M  O
J  E  K  G  K  L  B  I  B  I  J  K  A  Q  K
F  C  Y  A  J  L  R  A  M  S  R  P  N  C  L
D  E  K  K  J  S  Ö  V  Q  Y  D  A  Ü  B  S
S  T  E  C  L  J  Ğ  C  U  D  Ü  N  G  U  O
T  A  K  V  I  M  L  U  K  H  O  B  U  Ü  M
R  B  O  O  Y  Q  E  K  B  D  A  H  B  G  N
```

ŞIMDI	SABAH
YIL	ÖĞLE
ÖNCE	AY
YILLIK	DAKİKA
TAKVIM	AN
ON YIL	GECE
GÜN	DÜN
GELECEK	GEÇMIŞ
BUGÜN	HAFTA
SAAT	YÜZYIL

7 - Astronomia

```
T  A  V  Y  N  R  U  G  Z  D  V  T  R  D  T
O  E  P  D  E  S  A  D  A  K  Ö  G  O  G  A
P  T  K  D  R  R  P  D  T  K  L  E  K  Ü  K
R  E  L  H  V  Y  Ç  N  Y  G  A  K  E  N  İ
A  H  D  G  E  L  Z  E  F  A  Y  G  T  E  M
K  V  P  Z  L  Q  Q  M  K  F  S  M  O  Ş  Y
U  G  Ö  K  S  E  L  O  E  İ  P  Y  Z  O  I
R  A  S  A  T  H  A  N  E  T  M  K  O  M  L
E  G  G  Q  Ü  B  G  O  Z  O  E  İ  Q  N  D
K  I  N  O  Z  T  R  R  Q  Y  F  O  O  D  I
İ  E  G  M  Ü  U  S  T  U  L  U  B  R  R  Z
N  I  T  D  Y  R  Q  S  T  U  T  U  L  M  A
O  Z  A  A  K  B  P  A  Q  L  O  Q  D  Y  G
K  K  D  Y  Ö  S  Ü  P  E  R  N  O  V  A  P
S  K  S  Z  G  E  Z  E  G  E  N  R  M  Y  G
```

ASTRONOM   METEOR
GÖKSEL   BULUTSU
GÖKYÜZÜ   RASATHANE
TAKIMYILDIZ   GEZEGEN
TUTULMA   RADYASYON
EKİNOKS   GÜNEŞ
ROKET   SÜPERNOVA
GÖKADA   TOPRAK
YERÇEKİMİ   EVREN
AY

8 - Acampamento

```
K M J A N S K V O M Z Z S C I
J D E M E T Y T T Z I T P I J
A Y D Y U O G F A K Z I U Q Y
A F Ş M T V L T P T N N S T O
Ğ U E K N Y K C T F İ V U Z M
A T T N T Y U D E H B R L G F
Ç Z A U E B P G G E A J A I C
L Y U Z R R O L G S K B K H G
A V U M U O R M A N E H P C Ö
R R E T C N K I L I C V A J L
J I E B B P F A L E Ö D Ş N E
B D E C M S D B M A B O N A K
H A Y V A N L A R Y H Ğ A D O
M Ç O F V M H V I Q K A M A H
F L U C R D O Z H V B I O Q U
```

HAYVANLAR	ATEŞ
MACERA	BÖCEK
AĞAÇLAR	GÖL
PUSULA	FENER
KABİN	AY
AVCILIK	HAMAK
KANO	HARİTA
ŞAPKA	DAĞ
IP	DOĞA
ORMAN	ÇADIR

9 - Emoções

```
S  A  J  Q  J  N  Q  M  T  O  Q  B  O  I  D
Ö  I  Ş  B  Q  V  H  I  E  U  T  Y  Ç  T  Y
F  D  K  K  F  B  B  N  I  M  E  M  N  U  N
K  P  R  I  A  E  H  N  M  V  Y  S  İ  A  I
E  N  E  D  N  Ü  U  E  P  D  İ  E  V  L  K
B  A  R  I  Ş  T  H  T  H  C  S  M  E  D  A
Z  R  U  D  R  N  I  T  E  F  A  P  S  H  S
D  A  Z  E  K  Ü  R  A  Y  N  S  A  R  E  S
G  S  U  Z  M  Z  Q  R  E  E  S  T  R  R  G
K  S  H  R  D  Ü  B  J  C  Z  A  İ  M  A  D
O  R  F  O  I  C  P  H  A  A  H  E  T  H  Z
R  I  P  U  H  K  K  O  N  K  A  Q  V  A  F
K  U  L  U  L  T  U  M  L  E  J  O  M  T  C
U  R  O  L  A  Q  Z  Z  I  T  L  A  O  S  N
F  O  J  I  H  P  Q  O  U  H  E  Y  Y  G  D
```

SEVİNÇ	ÖFKE
AŞK	RAHAT
HEYECANLI	MEMNUN
MUTLULUK	SEMPATİ
NEZAKET	HASSASİYET
SAKIN	SIKINTI
MINNETTAR	HUZUR
KORKU	ÜZÜNTÜ
BARIŞ	

10 - Ficção Científica

```
A  U  Z  A  K  I  F  O  B  N  H  D  L  R  K
Y  Ş  H  H  V  Z  B  J  D  N  A  Ü  A  O  E
P  K  I  T  S  A  T  N  A  F  Y  N  T  B  H
O  I  Q  R  O  G  S  C  D  S  A  Y  O  O  A
T  L  T  A  I  H  E  İ  N  O  L  A  M  T  N
Ü  M  P  Q  C  N  R  Z  N  G  İ  H  İ  L  E
G  E  Ç  E  K  Ç  İ  E  E  J  E  K  A  T
J  Z  P  A  T  L  A  M  A  G  M  T  R  R  Q
A  İ  J  O  L  O  N  K  E  T  E  A  A  İ  J
D  G  J  V  H  A  G  S  G  O  F  N  L  P  R
A  T  E  Ş  Q  D  F  G  G  I  G  S  P  Q  Y
K  N  Y  A  N  I  L  S  A  M  A  U  A  P  Y
Ö  P  T  I  H  F  Ü  T  Ü  R  I  S  T  I  K
G  B  S  A  K  Z  I  E  S  A  F  K  İ  C  O
E  L  K  N  R  G  K  Y  S  E  O  I  K  I  D
```

ATOMİK
SİNEMA
UZAK
PATLAMA
AŞIRI
FANTASTIK
ATEŞ
FÜTÜRISTIK
GÖKADA
YANILSAMA

HAYALİ
KİTAPLAR
GIZEMLI
DÜNYA
KEHANET
GEZEGEN
GERÇEKÇİ
ROBOTLAR
TEKNOLOJI
ÜTOPYA

11 - Mitologia

```
Y  Z  Y  A  R  A  T  I  K  J  O  Z  Y  C  S
Ş  I  L  İ  T  A  R  A  Y  R  P  R  Y  D  A
K  Ü  L  Z  Ü  S  M  Ü  L  Ö  E  G  K  A  V
I  S  J  D  S  U  N  U  M  U  N  E  A  V  A
L  Ü  J  Q  I  B  E  F  S  A  N  E  D  R  Ş
Ç  T  K  U  A  R  E  F  F  A  Z  U  M  A  Ç
N  L  C  T  A  Q  I  J  M  A  K  I  T  N  I
A  Ü  B  A  G  F  A  M  Q  H  Ü  B  U  I  Q
K  R  F  T  N  E  R  İ  B  A  L  Ü  Q  Ş  N
S  Ü  Y  E  J  A  U  M  M  R  M  Y  P  O  M
I  G  A  N  L  Z  V  O  T  Ü  Ü  Ü  S  Q  C
K  K  Z  C  P  A  O  A  C  T  L  L  P  C  L
H  Ö  D  D  E  J  K  Y  R  L  Ö  Ü  M  S  H
B  G  O  K  G  P  F  E  N  Ü  S  G  A  B  K
K  A  H  R  A  M  A  N  T  K  U  V  V  E  T
```

NUMUNE
KISKANÇLIK
DAVRANIŞ
YARATILIŞ
YARATIK
KÜLTÜR
FELAKET
KUVVET
SAVAŞÇI
KAHRAMAN

ÖLÜMSÜZLÜK
LABİRENT
EFSANE
BÜYÜLÜ
CANAVAR
ÖLÜMLÜ
YILDIRIM
MUZAFFER
GÖK GÜRÜLTÜSÜ
INTIKAM

12 - Medições

```
Y  E  A  A  Ğ  I  R  L  I  K  G  J  E  O  D
K  Ü  L  İ  T  R  E  F  T  K  S  R  O  N  E
İ  O  K  D  F  V  R  F  B  İ  A  Q  A  V  R
L  P  I  S  H  T  T  L  B  L  N  K  K  M  E
O  M  L  N  E  D  E  I  S  O  T  B  İ  D  C
G  M  N  O  O  K  M  B  G  M  İ  T  K  M  E
R  Z  I  G  F  I  L  D  M  E  M  G  A  T  V
A  Y  R  A  O  L  D  I  D  T  E  H  D  O  T
M  M  E  Y  V  A  O  N  K  R  T  P  I  N  H
J  U  D  U  A  D  İ  N  Ç  E  R  N  D  T  A
K  I  L  Ş  I  N  E  G  E  Q  E  Q  G  K  C
I  I  H  T  S  O  U  Z  U  N  L  U  K  C  I
L  E  T  Y  A  B  Y  P  A  I  A  T  O  N  M
Y  J  D  L  G  N  Z  I  G  M  V  L  F  R  K
T  K  U  I  E  N  V  S  V  J  R  E  P  J  S
```

YÜKSEKLIK
BAYT
SANTİMETRE
UZUNLUK
ONDALIK
GRAM
DERECE
GENIŞLIK
LİTRE
KITLE

METRE
DAKİKA
ONS
AĞIRLIK
İNÇ
DERINLIK
KİLOGRAM
KİLOMETRE
TON
HACIM

13 - Álgebra

```
Y  O  Ü  S  H  K  D  N  S  O  N  S  U  Z  N
M  A  V  T  S  K  E  T  U  D  D  F  K  J  A
A  M  N  U  B  J  Ğ  O  P  M  Q  S  U  M  V
R  R  U  L  J  U  I  P  R  Y  A  T  G  K  Q
G  A  R  J  I  Q  Ş  L  Ö  I  R  R  Y  D  D
A  K  O  P  A  Ş  K  A  T  D  Z  G  A  G  M
Y  I  S  Z  P  V  E  M  K  S  I  F  I  R  Ü
İ  Ç  C  J  B  S  N  P  A  R  A  N  T  E  Z
D  E  N  K  L  E  M  N  F  P  S  Q  Z  Z  Ö
D  O  Ğ  R  U  S  A  L  N  O  İ  I  V  H  Ç
Z  Q  N  A  B  B  Z  N  B  U  R  I  S  E  K
E  K  O  B  Ö  L  Ü  M  M  L  T  M  L  C  Y
Y  O  D  D  V  Y  U  D  U  Q  A  C  Ü  D  G
J  S  D  E  D  N  G  Y  P  N  M  U  M  L  M
B  A  S  İ  T  L  E  Ş  T  İ  R  R  P  C  A
```

DİYAGRAM	MATRİS
BÖLÜM	NUMARA
DENKLEM	PARANTEZ
ÜS	SORUN
YANLIŞ	BASİTLEŞTİR
FAKTÖR	ÇÖZÜM
FORMÜL	TOPLAM
KESIR	ÇIKARMA
SONSUZ	DEĞİŞKEN
DOĞRUSAL	SIFIR

14 - Plantas

```
O  R  M  A  N  K  I  T  Z  P  K  O  T  S  D
Y  V  P  B  D  A  M  U  O  G  T  D  E  U  C
K  E  L  R  T  K  İ  N  A  T  O  B  U  A  H
Ç  M  Ş  Z  K  T  E  Ç  U  Q  A  M  C  T  M
I  I  G  İ  U  Ü  J  I  F  A  S  U  L  Y  E
A  M  M  Z  L  S  O  Ç  K  K  Ö  K  T  B  Ç
L  G  G  E  H  L  I  E  I  Ç  A  L  I  Y  H
V  H  Ü  B  N  F  İ  K  Ş  Y  E  A  F  B  A
F  L  B  A  Ğ  A  Ç  K  A  R  P  A  Y  L  B
Q  B  R  B  A  M  B  U  M  F  L  O  R  A  I
D  A  E  J  Ü  S  Ü  T  R  Ö  İ  K  T  İ  B
N  Y  E  L  H  C  Z  O  A  H  Q  L  M  S  T
N  G  B  P  L  R  Y  O  S  U  N  L  A  I  T
V  V  D  H  G  K  D  K  L  Q  Y  Y  T  O  Q
F  J  O  L  K  S  Y  L  S  K  K  A  S  K  I
```

ÇALI	FLORA
AĞAÇ	ORMAN
DUT	YEŞİLLİK
BAMBU	ÇİMEN
BOTANİK	SARMAŞIK
KAKTÜS	BAHÇE
OT	YOSUN
FASULYE	YAPRAK
GÜBRE	KÖK
ÇİÇEK	BİTKİ ÖRTÜSÜ

15 - Veículos

```
K B C B R K T E L K I S I B L
A A T K T Z F M B E B U A Q U
R D M U Ç A K D I R I M V L U
A E Y Y D Q Z B O V B V R B F
B Y C Z O I R S H A T A K S İ
A G C Y K N A V T N H B B L R
Y R O T O M D K Y O E Z A M C
D E N İ Z A L T I Q L T M M D
M L M T E Q Z O O O İ G B U G
E K P D M J G B M B K N U R Y
M İ T P P I Y İ P E O L L B T
E T R Ö T K A R T O P P A V E
T S Ü B O T O E U D T E N Z T
R A R O K E T F H G E B S U R
O L Y F F R J Y D B R U G N J
```

AMBULANS	HELİKOPTER
UÇAK	SAL
FERİBOT	METRO
BOT	MOTOR
BISIKLET	OTOBÜS
KAMYON	LASTİKLER
KERVAN	DENİZALTI
ARABA	TAKSİ
ROKET	TRAKTÖR
VAN	

16 - Engenharia

```
U G Q Y S E B A T E V V U K S
H E S A P L A M A F R A R O I
J H N C B M A Z O T O H B J V
K T E İ G I J R E N E K J K I
L T S C K P O K E B Z O R F B
F P K M Q A D R C Z V L T L Q
P Z E R K Y M A R G A Y İ D E
D H R J R F I L R Z B V S S F
F C B J E C R T L I N Y Ü P H
D A Ğ I T I M U F I M Ö R D Z
G M Q A K T A Y Z E O L T Q O
Z A Ç I V J O O L S T Ç Ü Y U
R S U O O U G B P T O Ü N U O
H A R E K E T Ç A P R M M A A
Z A O J R F K I L N I R E D H
```

KOL	ENERJI
SÜRTÜNME	SEBAT
AÇI	YAPI
HESAPLAMA	KUVVET
DİYAGRAM	SIVI
ÇAP	MAKİNE
MAZOT	ÖLÇÜM
BOYUTLAR	MOTOR
DAĞITIM	HAREKET
EKSEN	DERINLIK

17 - Restaurante # 2

```
L  R  H  Ç  M  I  I  T  N  D  D  V  E  S  Z
N  S  Y  O  F  E  T  J  U  A  H  M  P  E  E
D  F  U  R  Y  Y  Y  M  N  Z  E  M  B  B  C
L  Z  T  B  N  L  P  V  K  U  O  P  J  Z  L
S  Ç  Z  A  C  A  J  F  E  B  F  C  Y  E  R
A  A  J  Y  A  D  B  F  B  J  Q  B  N  L  K
L  T  S  V  P  N  Y  J  S  U  Q  S  T  E  A
A  A  Z  D  K  A  Y  U  M  U  R  T  A  R  Ş
T  L  P  H  F  S  G  A  R  S  O  N  R  C  I
A  R  E  R  İ  Ş  T  E  N  B  Q  D  A  L  K
T  C  Y  K  L  E  Z  Z  E  T  L  I  H  M  I
H  J  K  E  D  D  Y  L  M  J  F  E  A  B  L
F  I  T  K  F  R  L  G  Z  A  Y  C  B  K  A
V  D  R  B  J  G  A  L  Q  M  E  Z  E  U  B
I  C  J  F  S  M  I  K  F  Q  B  Z  I  Q  Z
```

MEZE	ÇATAL
SU	BUZ
KEK	SEBZELER
SANDALYE	ERİŞTE
KAŞIK	YUMURTA
LEZZETLI	BALIK
BAHARAT	TUZ
MEYVE	SALATA
GARSON	ÇORBA

18 - Países #2

```
R  S  B  V  V  H  R  E  U  K  R  A  Y  N  A
C  U  N  A  T  S  I  N  A  N  U  Y  S  A  K
O  R  L  U  B  L  A  D  C  D  D  R  O  N  R
T  İ  S  A  G  I  R  O  P  B  A  E  M  B  A
F  Y  Q  I  O  V  N  N  G  D  P  J  A  Ü  M
J  E  D  N  H  S  A  E  B  R  I  İ  L  L  İ
A  R  B  A  B  M  V  Z  Z  K  Z  N  İ  B  N
M  U  U  T  A  J  U  Y  J  A  P  O  N  Y  A
A  D  V  S  V  Z  T  A  C  M  J  D  U  I  D
İ  D  L  I  Y  B  L  G  F  E  B  B  G  D  Q
K  F  N  K  G  A  U  L  V  K  J  A  A  K  E
A  S  N  A  R  F  K  Q  J  S  G  L  N  F  C
H  Z  Q  P  L  A  P  E  N  İ  Z  L  D  L  Q
K  C  S  Q  V  R  K  Z  U  K  H  A  A  O  Y
T  A  H  A  İ  T  İ  U  M  A  G  A  L  K  Q
```

ARNAVUTLUK	LÜBNAN
DANİMARKA	MEKSİKA
FRANSA	NEPAL
YUNANISTAN	NİJERYA
HAİTİ	PAKISTAN
ENDONEZYA	RUSYA
İRLANDA	SURİYE
JAMAİKA	SOMALİ
JAPONYA	UKRAYNA
LAOS	UGANDA

19 - Cozinha

```
D  I  A  U  D  T  E  G  P  U  S  F  A  P  F
L  K  I  Ş  A  K  J  Y  N  O  U  Y  D  K  Q
N  Y  A  M  S  E  Ç  P  E  K  A  Z  A  N  O
D  E  F  V  B  U  G  U  S  R  A  P  N  A  S
Ö  M  I  I  A  I  U  C  U  R  U  D  N  O  D
N  E  R  Z  Ç  N  B  Z  T  B  N  O  R  S  G
L  K  I  G  A  B  O  A  I  S  D  K  E  A  I
Ü  L  N  A  T  T  U  Z  H  M  K  J  G  H  B
K  T  Z  R  A  F  P  C  A  A  T  O  N  G  A
S  G  R  A  L  M  L  Y  R  K  R  K  Ü  F  L
E  J  I  Y  L  K  S  F  Ü  P  Q  A  S  D  O
M  C  A  V  A  Y  S  H  S  A  T  G  T  L  D
C  I  Y  N  R  F  H  A  A  V  V  A  C  R  Z
K  Z  A  V  Y  R  A  P  E  Ç  E  T  E  D  U
Q  B  I  Ç  A  K  Q  C  I  R  V  Y  H  K  B
```

ÖNLÜK	FIRIN
KAZAN	DONDURUCU
KAŞIK	ÇATALLAR
YEMEK	BUZDOLABI
KEPÇE	IZGARA
BARDAK	PEÇETE
BAHARAT	KAVANOZ
SÜNGER	SÜRAHI
BIÇAK	TAS

20 - Material de Arte

```
F K S H G A T A Y O B U L U S
N I Y N H P U K N E R M T M B
Y L R U S M T R S Y P V G K D
K I J Ç H G K İ G L E T S A P
C C C O A Z A L S A K I A J O
C I E L C L L İ O D K Ğ F P D
D T P G S F A K D N E Â C N Z
M A B N Z O Q R P A R K D R Ş
O R Q O S K H M O S Ü U G V Ö
C A B D T A S F Q B M O Z B V
K Y M Q E M Q İ T N L M F T A
M E P M Y E V P L G V A B U L
U V K O A R S I U G Y S H L E
O Z T I Ğ A U Y N J İ A Y N Q
N R I C L K A L E M L E R E G
```

AKRİLİK
SİLGİ
SULUBOYA
KIL
SU
SANDALYE
ŞÖVALE
KAMERA
TUTKAL

RENK
YARATICILIK
FIRÇALAR
KALEMLER
MASA
YAĞ
KÂĞIT
PASTEL
MÜREKKEP

21 - Números

A	B	R	B	R	O	O	M	O	L	F	N	R	U	C
Ü	Ç	E	P	Y	N	N	O	N	S	E	K	I	Z	V
F	U	L	Ş	D	Y	D	Y	E	O	N	Y	F	U	2
L	H	C	C	B	E	A	B	D	N	U	Q	I	K	Z
S	T	T	R	Ö	D	L	Y	K	D	G	Q	S	O	G
Y	R	L	I	P	I	I	Q	J	O	M	O	S	D	S
Y	Ö	R	B	Z	İ	K	E	S	K	A	L	T	I	D
O	D	Y	J	B	D	H	C	U	U	G	Z	I	N	K
J	N	P	H	U	E	G	G	A	Z	T	G	U	I	M
F	O	Ü	J	L	Y	R	P	T	N	N	P	V	Y	Q
R	K	P	Ç	O	D	S	Q	V	O	Y	Z	R	İ	S
U	E	D	H	L	Y	E	L	Z	U	N	U	H	R	F
P	Y	O	C	E	A	C	C	Y	S	O	I	O	M	P
D	H	J	B	Y	S	N	B	C	E	C	R	K	İ	Q
V	K	O	V	U	S	D	O	N	A	L	T	I	I	F

BEŞ	ON DÖRT
ONDALIK	DÖRT
ON	ALTI
ON DOKUZ	YEDİ
ON ALTI	ON ÜÇ
ON YEDI	ÜÇ
ONSEKIZ	BIR
ON IKI	YİRMİ
DOKUZ	SIFIR
SEKİZ	

22 - Física

```
F E L E K T R O N K G A T I M
D O P K Y B I Y D N A A G D A
M A R O T O M N L Ü I O Z K N
N P Y M O T A C C K K A S H Y
Y C K S Ü U E C S L N F N I E
D R R Q Q L L Ü K E L O M Z T
G Ö R E L I L I K E A S Q L İ
V J Z G Y O A S J R D S V A Z
U Y Z L O P S K I T L E C N M
B L M I Ğ P A R T İ K Ü L M A
S T E F U E Y A J M U N P A Y
H I Z N N F M E V R E N S E L
J K K I L K I S N Z N A H U N
E H D B U K K İ N A K E M V O
N D C H K I Y E R Ç E K İ M İ
```

HIZLANMA
ATOM
KAOS
YOĞUNLUK
ELEKTRON
FORMÜL
SIKLIK
GAZ
YERÇEKİMİ
MANYETİZMA

KITLE
MEKANİK
MOLEKÜL
MOTOR
NÜKLEER
PARTİKÜL
KIMYASAL
GÖRELILIK
EVRENSEL
HIZ

23 - Especiarias

```
I  Y  R  R  K  J  K  A  K  L  K  T  F  A  S
A  T  T  B  E  İ  I  K  Ö  J  A  A  H  C  A
A  N  U  N  D  U  Ş  Z  R  T  K  R  N  I  R
O  U  Z  L  R  Y  K  N  İ  E  U  Ç  V  L  I
I  S  U  L  G  F  E  F  İ  D  L  I  A  T  M
U  Y  M  D  N  Z  O  E  V  Ş  E  N  N  A  S
P  N  Q  E  N  E  Z  E  R  I  L  A  İ  T  A
R  G  H  B  Y  B  H  E  Q  H  I  Ğ  L  P  K
I  I  E  I  N  A  R  F  A  S  F  O  Y  N  C
Z  H  E  V  J  L  N  B  C  V  E  S  A  Q  M
K  İ  M  Y  O  N  A  N  I  P  C  D  N  A  N
U  F  U  O  T  J  V  I  Z  B  N  C  R  H  J
M  M  E  N  Y  D  P  Z  U  G  E  V  I  B  Y
H  H  U  M  F  B  C  E  V  İ  Z  R  E  D  F
L  E  Z  Z  E  T  A  N  A  S  O  N  C  T  H
```

SAFRAN	SOĞAN
MEYAN	KİŞNİŞ
SARIMSAK	KİMYON
ACI	TATLI
ANASON	REZENE
EKŞI	ZENCEFIL
VANİLYA	CEVİZ
TARÇIN	BIBER
KAKULE	LEZZET
KÖRİ	TUZ

24 - Países #1

```
V I T L E G J S M I S I R M F
B İ S R A İ L E R B K M K A İ
D I Z C Y Q E N R R S F E L N
O V U F N M A E S E F A S İ L
E P Z G A E R G T Z H Y J P A
N K C O M D K A R I I N P O N
İ V V Z L V A L U L N A A L D
K E N A A D N N G Y D P N O İ
A N S Y D P U F A A I S A N Y
R E O L P O J M S K S İ M Y A
A Z E A Q J R J C S T U A A J
G U M T V E Y G T L A G A S S
U E P İ N O R V E Ç N U R U E
A L P S D B M K A M B O Ç Y A
H A Q J O Z E V Q F Z L N H E
```

ALMANYA
BREZILYA
KAMBOÇYA
KANADA
MISIR
EKVADOR
İSPANYA
FİNLANDİYA
IRAK
İSRAİL

İTALYA
HINDISTAN
MALİ
FAS
NİKARAGUA
NORVEÇ
PANAMA
POLONYA
SENEGAL
VENEZUELA

25 - Casa

```
P K A F T U M T Ş U D Z A G P
T E Ü Z İ K İ U L Ö V Q K A E
D Ç N T Ç L L R T H M V J R R
H H A C Ü R İ M K O M İ B A D
I A V H E P K K R T U A N J E
M B A D O R H C E Q S V P E L
H H T D E İ E A A T L T E G E
J P B V A K L A N F U H I R R
L P K M N L T Y Y E K A T Ü Y
A N A H T A R L A R S K A P I
V C Y S L M Z I Q N B K Ü C
V Q N I S E G B S A D R I S K
U H T K P M R O E Y H J T N O
G K J E T K R M E H T T A C Z
T J T D U V A R J Y O S Ç M U
```

KÜTÜPHANE
ÇIT
ANAHTARLAR
DUŞ
PERDELER
MUTFAK
AYNA
GARAJ
PENCERE
BAHÇE

ŞÖMİNE
MOBILYA
DUVAR
KAPI
ODA
ÇATI KATI
KİLİM
TAVAN
MUSLUK
SÜPÜRGE

26 - Vegetais

```
M  Z  B  D  R  C  O  Z  Ş  B  S  S  K  K  D
F  A  Q  E  D  J  Y  O  A  Y  A  A  E  L  O
H  N  N  S  Z  L  C  N  L  B  R  L  S  K  M
K  A  Z  T  Z  E  G  A  G  R  I  A  O  P  A
I  B  V  Q  A  P  L  D  A  O  M  T  Ğ  C  T
U  E  I  U  R  K  Y  M  K  S  A  A  E  E
E  Y  N  Ç  U  Q  A  E  O  A  O  N  U  S
V  G  E  A  O  T  M  M  A  L  K  T  G  L  J
Z  E  N  C  E  F  I  L  A  İ  C  U  B  G  E
R  J  D  T  P  A  T  L  I  C  A  N  A  P  N
P  A  T  A  T  E  S  Y  Y  U  M  Q  P  T  G
J  I  S  P  A  N  A  K  H  C  R  S  H  J  İ
U  M  Q  Y  S  A  L  A  T  A  L  I  K  Q  N
O  Z  İ  V  E  R  E  K  A  B  A  K  F  U  A
K  A  R  N  A  B  A  H  A  R  U  I  Y  D  R
```

KABAK	KARNABAHAR
KEREVİZ	BEZELYE
ENGİNAR	ISPANAK
SARIMSAK	ZENCEFIL
PATATES	ŞALGAM
PATLICAN	SALATALIK
BROKOLİ	TURP
SOĞAN	SALATA
HAVUÇ	MAYDANOZ
MANTAR	DOMATES

27 - Balé

```
N K A A T Z G O S P P A M N F
H O C D D A N İ R E L A B C I
K R L B J M B A O D Y H U P Z
U E M O Y O D J O E Ş I K L A
B O T P S J G A V O R P R B H
E G E G A C Y G N J E S T C H
S R A L S A K H Y S L G T F I
T A D F M M Ü Z I K Ç V D B H
E F İ R A Z S R R U C I B N V
C İ R İ T İ M A E L I L G Z
I U S V O S L T C N S M T A O
S A N A T S A L E U C A N C R
O R K E S T R A B Ğ B L T S C
R B V T S Z V N Y O Z N S N Y
T E K N İ K I I H Y A A G K Q
```

ALKIŞ
SANATSAL
BALERİN
BESTECI
KOREOGRAFİ
DANSÇILAR
PROVA
TARZ
ANLAMLI
JEST

ZARİF
BECERI
YOĞUNLUK
KASLAR
MÜZIK
ORKESTRA
SEYIRCI
RİTİM
SOLO
TEKNİK

28 - Adjetivos #1

```
I  N  C  E  K  Ü  Y  Ü  B  G  D  G  M  Q  K
L  R  B  I  U  S  G  S  Y  O  E  I  O  D  A
M  V  J  T  S  G  Y  Z  G  Q  Ğ  Z  D  F  R
E  F  O  E  U  N  U  F  B  E  E  E  E  Z  A
N  P  J  A  R  M  E  V  K  J  R  M  R  V  N
Ö  I  L  Y  S  L  F  I  M  R  L  L  N  E  L
N  L  O  D  U  A  B  C  U  Ş  I  I  Y  C  I
M  S  Z  E  Z  S  S  I  T  R  E  M  Ö  C  K
A  R  O  M  A  T  İ  K  L  D  T  D  T  M  F
M  I  V  J  B  A  S  E  A  L  Ü  K  Z  H  D
J  H  C  J  Z  N  S  Ç  K  U  N  R  O  Ö  Q
K  O  C  A  M  A  N  Y  A  V  A  Ş  Ü  R  N
A  Ğ  I  R  H  S  E  G  Z  O  T  I  K  S  D
J  V  D  C  I  N  H  U  T  T  G  M  U  A  T
D  C  L  G  V  U  V  B  C  S  J  G  V  C  H
```

MUTLAK	BÜYÜK
HIRSLI	DÜRÜST
AROMATİK	ÖZDEŞ
SANATSAL	ÖNEMLI
ÇEKICI	YAVAŞ
KOCAMAN	GIZEMLI
KARANLIK	MODERN
EGZOTIK	KUSURSUZ
INCE	AĞIR
CÖMERT	DEĞERLI

29 - Psicologia

```
D  D  C  J  K  S  T  R  U  Q  D  Y  M  H  K
U  E  Y  S  Z  O  Ç  E  K  I  Ş  M  E  A  I
F  Ğ  B  R  O  R  T  H  D  M  G  H  T  Y  Ş
U  E  İ  L  J  U  N  G  C  S  A  L  I  A  I
T  R  L  B  V  N  L  S  N  Y  Z  K  A  L  L
E  L  İ  R  B  I  L  I  N  Ç  S  I  Z  B  I
G  E  N  A  V  C  D  U  Y  G  U  L  A  R  K
O  N  Ç  N  E  T  K  İ  L  E  R  K  D  L  U
I  D  A  D  H  I  S  U  Z  C  T  E  A  S  L
V  I  L  E  B  I  L  I  Ş  E  E  Ç  V  Q  K
F  R  T  V  K  L  İ  N  İ  K  R  R  R  U  U
P  M  I  U  A  Z  S  I  N  P  A  E  A  T  C
R  E  L  E  C  N  Ü  Ş  Ü  D  P  G  N  H  O
J  E  T  M  C  H  Y  A  E  F  İ  G  I  Q  Ç
K  J  O  T  F  K  O  B  O  E  A  F  Ş  R  P
```

DEĞERLENDIRME	ETKİLER
KLİNİK	DÜŞÜNCELER
BILIŞ	ALGI
DAVRANIŞ	KIŞILIK
RANDEVU	SORUN
ÇEKIŞME	GERÇEKLIK
EGO	HIS
DUYGULAR	HAYAL
BILINÇSIZ	BİLİNÇALTI
ÇOCUKLUK	TERAPİ

30 - Paisagens

```
M  R  Z  I  E  G  B  A  C  C  Q  C  V  C  B
Z  G  U  U  I  C  Q  C  L  F  R  Z  L  L  U
T  Z  Ö  Y  M  F  Q  U  I  M  H  J  U  E  Z
K  U  D  L  U  Z  U  B  C  A  C  U  K  P  D
O  P  N  V  A  H  A  G  T  Ğ  I  D  B  U  A
K  Z  J  D  C  H  H  B  N  A  Ş  C  A  U  Ğ
Y  R  U  U  R  D  Q  J  A  R  E  V  D  Ğ  I
A  K  I  L  K  A  T  A  B  A  L  A  A  T  Y
N  B  A  G  A  L  D  L  P  E  A  D  Q  F  A
U  C  T  B  B  T  E  P  E  R  L  I  P  C  R
S  D  Q  K  G  G  A  R  M  N  E  S  T  T  I
V  O  L  K  A  N  T  V  K  N  E  H  I  R  M
D  E  N  I  Z  E  F  R  Ö  K  P  E  S  K  A
U  B  M  Y  O  I  H  G  F  S  Ç  Ö  L  M  D
T  A  N  J  A  A  J  M  O  A  D  F  K  V  A
```

ŞELALE	DAĞ
MAĞARA	VAHA
TEPE	OKYANUS
ÇÖL	BATAKLIK
BUZUL	YARIMADA
KÖRFEZ	PLAJ
BUZDAĞI	NEHIR
ADA	TUNDRA
GÖL	VADI
DENIZ	VOLKAN

31 - Dança

```
O  R  İ  T  İ  M  Y  G  P  V  P  F  Y  H  N
P  A  M  P  S  L  Y  L  L  N  Z  P  S  D  U
L  F  V  U  R  J  K  S  V  P  F  G  O  U  I
F  F  U  T  Ü  L  P  P  Q  D  T  E  G  R  L
H  G  R  E  T  U  C  Ü  V  M  E  L  Ö  U  N
K  Q  Y  K  L  A  S  İ  K  Q  F  E  R  Ş  K
R  Q  E  E  Ü  F  N  F  Y  V  T  N  S  R  U
A  K  T  R  K  C  K  A  T  R  O  E  E  N  I
M  N  H  A  O  K  M  R  S  D  G  K  L  H  F
O  Ü  L  H  C  T  I  G  Q  P  Z  S  K  K  E
L  H  Z  A  P  O  I  O  L  I  L  E  Ş  E  N
J  F  N  I  M  H  L  E  R  Ü  T  L  Ü  K  F
U  F  I  F  K  L  B  R  A  K  A  D  E  M  İ
U  N  J  T  N  G  I  O  S  B  S  N  U  H  E
F  P  R  O  V  A  D  K  D  U  Y  G  U  I  A
```

AKADEMİ	ANLAMLI
NEŞELI	LÜTUF
SANAT	HAREKET
KLASİK	MÜZIK
KOREOGRAFİ	ORTAK
VÜCUT	DURUŞ
KÜLTÜR	RİTIM
KÜLTÜREL	GELENEKSEL
DUYGU	GÖRSEL
PROVA	

32 - Nutrição

```
S  I  R  L  Z  S  F  N  S  T  F  A  P  H  L
O  A  M  T  I  R  E  Q  K  I  A  C  E  B  E
S  S  Ğ  I  A  C  R  G  Y  F  V  I  R  I  Z
J  K  I  L  J  R  M  G  M  G  C  I  A  Y  Z
U  G  L  E  I  H  A  T  Ş  I  H  O  L  B  E
Z  R  T  G  G  K  N  İ  E  T  O  R  P  A  T
A  V  E  N  D  M  T  T  M  A  U  G  K  R
Z  Ğ  Y  E  L  V  A  O  I  A  Q  F  V  C  S
O  F  I  D  Z  E  S  K  L  S  L  M  K  H  A
L  O  D  R  G  Y  Y  S  A  T  Y  L  N  L  Ğ
B  L  N  Z  L  S  O  İ  K  G  U  A  E  K  L
E  Y  Z  P  H  I  N  N  K  A  L  O  R  İ  I
S  K  Y  Q  A  C  K  A  M  B  O  Y  V  D  K
İ  B  K  Y  E  N  I  L  E  B  I  L  I  R  L
N  Q  C  S  İ  N  D  İ  R  İ  M  H  V  U  I
```

ACI	SOS
IŞTAH	BESİN
KALORİ	AĞIRLIK
YENILEBILIR	PROTEİN
DIYET	KALITE
SİNDİRİM	LEZZET
DENGELI	SAĞLIKLI
FERMANTASYON	SAĞLIK
SIVILAR	TOKSİN

33 - Energia

```
B  E  N  Z  İ  N  F  N  M  F  F  B  A  I  F
Y  R  S  İ  F  Q  P  R  A  O  O  G  R  O  E
E  V  F  P  B  U  C  R  H  Q  T  T  S  Z  J
N  E  B  O  H  R  G  Y  I  S  I  O  K  Z
İ  Ç  E  R  İ  M  Ü  I  Q  V  K  Z  R  N  G
L  K  L  T  D  L  V  T  U  G  A  P  C  N  T
E  İ  E  N  R  K  Y  J  R  M  Y  F  D  D  O
N  R  K  E  O  G  T  L  R  E  E  L  K  Ü  N
E  L  T  N  J  H  T  A  G  A  C  I  A  R  T
B  İ  R  A  E  M  A  Z  O  T  C  P  R  Ü  K
İ  L  İ  C  N  D  C  U  O  Q  Z  T  B  Z  J
L  I  K  E  N  D  Ü  S  T  R  İ  B  O  G  M
İ  K  C  I  O  D  K  P  S  H  Q  K  N  A  K
R  R  N  H  A  U  Q  M  A  Y  T  P  P  R  V
G  Ü  N  E  Ş  E  L  E  K  T  R  O  N  G  N
```

ÇEVRE	BENZİN
PIL	HİDROJEN
ISI	ENDÜSTRI
KARBON	MOTOR
YAKIT	NÜKLEER
MAZOT	KIRLILIK
ELEKTRİK	YENİLENEBİLİR
ELEKTRON	GÜNEŞ
ENTROPİ	TÜRBİN
FOTON	RÜZGAR

34 - Disciplinas Científicas

```
İ  J  O  L  A  R  E  N  İ  M  Z  T  O  E  M
İ  J  O  L  O  N  Ü  M  M  İ  N  E  K  K  E
E  U  V  N  I  T  A  Z  H  E  F  R  K  O  T
Z  L  M  M  E  V  T  T  V  A  O  M  İ  L  E
N  Ö  R  O  L  O  J  İ  O  I  C  O  N  O  O
A  R  K  E  O  L  O  J  İ  M  G  D  E  J  R
F  K  G  N  B  C  A  O  J  D  İ  İ  S  İ  O
J  İ  Z  A  D  E  İ  L  O  İ  M  N  İ  J  L
E  N  Z  K  D  Q  R  O  L  L  O  A  Y  O  O
O  A  B  Y  E  O  R  K  O  B  N  M  O  L  J
L  T  P  K  O  P  I  İ  Y  İ  O  İ  L  O  İ
O  O  U  M  I  L  C  S  İ  L  R  K  O  Y  V
J  B  M  D  B  M  O  P  B  İ  T  U  J  S  O
İ  F  N  N  F  M  Y  J  A  M  S  A  İ  O  S
Z  O  O  L  O  J  İ  A  İ  Z  A  G  E  S  P
```

ANATOMİ   DİLBİLİM
ARKEOLOJİ   METEOROLOJİ
ASTRONOMİ   MİNERALOJİ
BİYOLOJİ   NÖROLOJİ
BOTANİK   PSİKOLOJİ
KİNESİYOLOJİ   KIMYA
EKOLOJİ   SOSYOLOJİ
FİZYOLOJİ   TERMODİNAMİK
JEOLOJİ   ZOOLOJİ
İMMÜNOLOJİ

35 - Meditação

```
O  D  D  U  R  U  Ş  U  Y  A  N  I  K  Z  N
D  O  J  C  I  K  A  B  U  L  V  F  I  İ  E
S  Ğ  E  F  U  O  T  M  C  C  A  S  Z  H  Z
Q  A  L  R  M  G  E  T  R  P  L  N  Ü  İ  A
G  A  V  N  E  M  M  D  P  F  I  M  M  N  K
S  Ö  A  Z  U  I  A  E  T  U  Ş  J  M  S  E
K  C  Z  H  P  P  H  K  G  R  K  I  F  E  T
V  S  E  L  B  V  R  U  I  S  A  B  R  L  A
R  E  Q  P  E  R  E  F  Q  L  N  R  H  A  L
Y  Z  E  V  E  M  M  V  E  E  L  U  P  G  B
D  U  Y  G  U  L  A  R  V  P  I  Z  H  V  N
Ö  Ğ  R  E  N  M  E  K  I  L  K  I  Ç  A  A
P  E  R  S  P  E  K  T  I  F  L  F  G  E  Y
D  Ü  Ş  Ü  N  C  E  L  E  R  A  A  E  H  D
H  A  R  E  K  E  T  Q  J  U  R  J  C  Z  B
```

KABUL	AKIL
UYANIK	HAREKET
ÖĞRENMEK	MÜZIK
NEZAKET	DOĞA
AÇIKLIK	GÖZLEM
MERHAMET	BARIŞ
DUYGULAR	DÜŞÜNCELER
ALIŞKANLIKLAR	PERSPEKTIF
ZİHİNSEL	DURUŞ

36 - Moda

```
M  Y  R  M  F  A  D  T  Ş  D  V  Z  P  C  J
Ü  F  L  D  O  R  A  S  A  K  V  U  R  T  Z
T  A  H  A  R  J  N  İ  M  R  B  I  A  T  V
E  U  N  K  K  H  T  L  U  N  Z  G  T  F  D
V  Y  O  B  U  J  E  A  K  F  A  U  I  I  Ü
A  M  Z  V  V  M  L  M  I  K  A  K  K  Z  Ğ
Z  B  A  Y  Y  S  I  İ  B  L  F  O  I  Q  M
I  J  R  D  J  H  S  N  U  Z  A  D  C  Ş  E
F  T  I  O  Y  T  A  İ  T  K  C  H  K  K  A
E  G  F  K  H  T  S  M  İ  T  G  H  A  C  Y
H  B  F  S  K  M  T  C  K  S  G  B  C  P  F
Z  F  V  P  V  T  S  E  F  B  V  N  Y  T  Z
I  R  K  A  K  N  T  B  F  Q  A  F  U  P  U
M  O  D  E  R  N  V  Ö  L  Ç  Ü  M  O  T  P
Z  Y  E  F  C  I  R  V  G  A  U  J  C  V  M
```

NAKIŞ	MODERN
DÜĞME	MÜTEVAZI
BUTİK	ASIL
PAHALI	PRATİK
RAHAT	DANTEL
ZARIF	KUMAŞ
TARZ	AKIM
ÖLÇÜM	DOKU
MİNİMALİST	

37 - Instrumentos Musicais

```
F  N  K  J  T  T  H  Y  D  F  Q  N  M  Y  M
L  J  F  Y  R  O  R  J  O  U  L  G  R  D  A
Ü  Y  U  B  O  G  D  O  N  A  Y  İ  P  H  R
T  V  D  P  M  A  A  K  M  O  B  R  R  Q  İ
S  R  F  J  P  F  V  I  L  B  L  A  A  Q  M
A  U  B  O  E  R  U  V  N  A  O  C  N  I  B
K  Y  Q  G  T  B  L  L  P  G  R  N  V  Ç  A
S  B  A  G  E  T  E  H  S  M  G  N  O  G  O
A  T  E  F  O  L  T  R  R  A  Q  A  E  V  L
F  Q  D  Y  A  M  G  T  Z  N  U  M  N  T  L
O  U  P  Y  L  O  J  A  U  D  O  E  E  U  E
N  P  R  D  E  M  K  V  N  O  D  K  T  B  Ç
R  A  N  M  Y  P  H  Q  N  L  I  B  N  L  J
N  G  Q  B  K  U  H  F  N  İ  U  V  F  F  A
G  İ  T  A  R  Z  J  R  V  N  V  U  R  M  A
```

MANDOLİN	TEF
BANÇO	VURMA
BAGET	PİYANO
KLARNET	SAKSAFON
FAGOT	DAVUL
FLÜT	TROMBON
GONG	TROMPET
ARP	GİTAR
MARİMBA	KEMAN
OBUA	ÇELLO

38 - Adjetivos #2

```
G  S  N  O  R  M  A  L  F  S  J  T  H  S  A
D  D  O  K  G  U  R  U  R  L  U  U  A  K  Ç
I  B  G  R  U  V  İ  Ş  H  A  V  Z  K  Q  I
M  I  A  L  U  R  C  D  J  Ğ  E  L  M  B  K
Ü  L  Ç  Ü  G  M  U  D  L  O  Z  U  U  Q  L
S  K  V  R  U  D  L  E  P  D  V  H  J  C  A
C  I  Z  E  U  S  Ü  U  C  Z  D  B  J  E  Y
R  L  I  T  L  I  L  K  E  N  E  T  E  Y  I
O  Ğ  G  K  P  C  N  J  O  T  R  E  G  O  C
U  A  F  E  K  A  Ü  E  Z  A  R  I  F  T  I
U  S  S  N  L  K  G  R  Y  Q  F  Z  D  A  T
H  A  A  U  P  R  S  A  J  D  U  Y  R  N  G
L  C  F  P  M  I  A  S  H  G  K  A  O  T  K
E  N  T  E  R  E  S  A  N  R  O  V  Q  I  S
Y  A  R  A  T  I  C  I  B  T  R  J  Z  K  I
```

OTANTIK	YENI
YARATICI	GURURLU
AÇIKLAYICI	ÜRETKEN
YETENEKLI	SAF
ZARIF	SICAK
ÜNLÜ	SORUMLU
GÜÇLÜ	TUZLU
ENTERESAN	SAĞLIKLI
DOĞAL	KURU
NORMAL	VAHŞI

39 - Roupas

```
L  V  Q  Y  M  M  V  U  V  Ş  A  P  K  A  S
A  T  I  A  E  A  P  F  Q  B  S  R  Ü  M  D
G  A  Y  A  K  K  A  B  I  L  A  A  L  A  C
E  Ö  M  Y  I  Ç  D  E  K  U  N  Ş  N  J  A
L  G  M  K  F  M  O  O  V  Z  D  E  Ö  İ  Z
D  K  O  L  R  L  M  R  J  A  A  K  L  P  S
I  V  J  E  E  G  T  M  A  G  L  J  A  N  B
V  Q  M  M  M  K  F  R  T  P  E  Y  L  O  K
E  C  E  E  E  M  O  Y  T  T  O  K  E  S
N  Q  E  C  K  T  Q  B  D  S  F  G  I  L  K
L  R  K  K  R  E  R  Y  Q  F  A  T  Z  B  C
E  F  T  V  E  I  F  F  T  F  Z  Z  E  I  P
R  H  Z  F  F  T  K  A  Z  A  K  J  L  S  Y
P  A  N  T  O  L  O  N  P  Y  N  U  I  E  O
O  J  F  V  N  Q  C  E  R  E  D  B  B  Y  P
```

ÖNLÜK	ELDIVENLER
BLUZ	ÇORAP
PANTOLON	MODA
GÖMLEK	PİJAMA
ŞAPKA	BILEZIK
KEMER	ETEK
KOLYE	SANDALET
CEKET	AYAKKABI
KOT	KAZAK
EŞARP	ELBISE

40 - Herbalismo

```
F F Q N T D L T K Y Ç M T C Z
E Y İ R E B İ B L E O I Z D L
S U K M Z G L I G Ş T K Ç E V
L R A H Z G N A L I R T U E Z
E K L K E N E Y V L T I I N K
Ğ E I J L N U L S A Q B G E S
E K T T V E Ç H A B N C J Z A
N İ E A A C G S R O E T H E F
S K I Ç E R I K I A H F A R R
K İ Ş N İ Ş Y T M H T M I H A
A R O M A T İ K S H T Q R L N
B R G H C N I L A D Y A F I Q
Q A S L H K Ş Ö K N A C R E M
M A Y D A N O Z Z U B A K U Y
F B P Y Z H M R V R K C D B N
```

SAFRAN	BAHÇE
BİBERİYE	LAVANTA
SARIMSAK	FESLEĞEN
AROMATİK	MERCANKÖŞK
FAYDALI	BITKI
KİŞNİŞ	KALITE
TARHUN	LEZZET
ÇIÇEK	MAYDANOZ
REZENE	KEKİK
IÇERIK	YEŞIL

41 - Arqueologia

```
D  M  T  Y  L  N  B  T  D  U  M  E  D  O  U
T  E  Y  I  N  E  D  E  M  Z  K  F  A  K  G
A  M  Ğ  A  Ç  C  V  V  O  M  E  N  S  E  N
R  Ö  S  E  F  O  R  P  I  A  M  A  R  L  B
A  U  K  R  R  A  Z  E  M  N  İ  N  N  G  I
Ş  F  N  A  J  L  İ  S  O  F  K  A  F  D  L
T  N  H  U  L  J  E  F  Q  B  L  L  Ö  D  I
I  N  A  S  T  I  O  N  D  Q  E  I  P  U  N
R  C  T  Q  O  U  N  E  D  K  R  Z  Y  N  M
M  E  Z  I  G  K  L  T  B  I  D  G  A  A  E
A  Ç  R  A  P  T  T  M  I  M  R  U  Y  R  Y
C  A  M  J  Z  A  M  T  U  Y  C  M  H  F  E
I  L  T  I  V  K  C  O  Y  Ş  G  V  E  C  N
H  E  Q  O  S  I  T  A  P  I  N  A  K  P  K
B  R  J  V  J  M  M  I  P  L  F  P  C  B  Z
```

ANALIZ
DEĞERLENDIRME
MEDENIYET
DÖL
BILINMEYEN
TAKIM
ÇAĞ
UZMAN
UNUTULMUŞ
FOSİL

PARÇA
ARAŞTIRMACI
GIZEM
NESNE
KEMİKLER
PROFESÖR
KALINTI
TAPINAK
MEZAR

42 - Agronomia

```
O  R  N  N  E  R  B  Ü  G  Y  Ç  E  V  R  E
D  I  T  B  A  R  G  F  Q  A  D  E  H  I  A
B  T  D  J  A  Z  O  D  G  P  T  I  K  Z  R
İ  O  A  N  T  M  G  Z  S  I  T  K  U  C  A
T  P  S  H  H  B  S  L  Y  M  I  R  A  T  Ş
K  R  I  O  K  U  M  A  K  O  M  T  I  E  T
İ  A  S  S  İ  I  I  S  I  L  N  I  K  N  I
L  K  I  D  N  Y  L  R  S  F  C  Y  Z  E  R
E  S  U  B  A  U  I  I  M  U  H  O  T  R  M
R  L  F  Q  G  N  B  K  L  G  L  D  Q  J  A
P  F  E  L  R  D  G  U  Q  R  Q  H  D  I  N
J  L  E  Y  O  Z  F  M  J  L  I  L  S  K  Q
H  A  S  T  A  L  I  K  L  A  R  K  O  T  R
V  V  N  E  K  O  L  O  J  İ  G  T  D  S  M
N  B  Ü  Y  Ü  M  E  S  E  B  Z  E  L  E  R
```

TARIM	GÜBRE
ÇEVRE	SEBZELER
SU	ORGANİK
BILIM	ARAŞTIRMA
BÜYÜME	BİTKİLER
HASTALIKLAR	KIRLILIK
EKOLOJİ	YAPIM
ENERJI	KIRSAL
EROZYON	TOHUM
OKUMAK	TOPRAK

43 - Frutas

```
B  T  H  N  S  A  A  A  M  L  E  L  M  K  C
T  K  G  O  G  V  Y  D  H  M  T  M  G  A  T
O  V  V  B  N  O  P  U  O  U  N  T  B  Y  E
Y  K  N  Ö  I  K  B  T  O  B  D  M  E  I  E
T  H  Q  Ğ  K  A  U  U  O  I  H  U  I  S  V
V  F  N  Ü  İ  D  V  M  H  Z  N  Q  D  I  A
M  U  Z  R  V  O  Y  R  A  T  K  E  N  U  N
E  H  B  T  İ  R  U  A  P  A  P  A  Y  A  A
G  B  I  L  A  T  F  E  Ş  İ  N  C  İ  R  N
M  U  C  E  Q  L  A  Y  U  U  Z  A  U  A  A
G  A  A  N  L  İ  M  O  N  K  I  R  A  Z  S
E  L  N  V  T  U  R  U  N  C  U  C  U  J  Z
J  R  R  G  A  Ü  Z  Ü  M  G  G  U  C  T  U
P  K  L  O  O  H  K  R  G  U  V  U  P  L  L
J  R  L  H  J  P  D  B  D  F  U  N  P  V  G
```

AVOKADO	KİVİ
ANANAS	TURUNCU
BÖĞÜRTLEN	LİMON
DUT	ELMA
MUZ	PAPAYA
KIRAZ	MANGO
KAYISI	NEKTAR
İNCİR	ARMUT
AHUDUDU	ŞEFTALI
GUAVA	ÜZÜM

44 - Corpo Humano

```
D E C K V E N E Ç B K A R B B
J R J T V L Ş A B E E R N N A
P U N G D E Q L K D U D A K C
A Y A K B I L E Ğ I A Q Q Z A
Q B N O K D T E M L A T Y B K
Z V E S S Y I O H F H Z B J B
P A R M A K B Q N I B T N S O
L L T U G Ö Z P M E O F U Y I
Q Y A F D I R S E K Y Y O I O
M Y Z K I J M J E I U O L B D
K E V D L U M O K S N U R U B
A Ğ I Z I D N G N I Y E B V R
L M B U I C P S Z I J G T L K
U B G M H T O B C I L T S V F
K R F O F Y O R Q B Z A Z Q L
```

AĞIZ	GÖZ
BAŞ	OMUZ
BEYIN	KULAK
KALP	CILT
DIRSEK	BACAK
PARMAK	BOYUN
DIZ	ÇENE
DUDAK	KAN
EL	ALIN
BURUN	AYAK BILEĞI

45 - Caminhada

```
T  A  Q  B  E  B  C  V  B  Q  T  E  J  F  A
H  M  Q  V  E  Q  T  B  Q  O  R  T  F  Z  C
J  A  Ğ  O  D  F  O  C  Z  M  A  P  J  I  J
F  A  Y  R  R  S  T  Y  H  Y  N  F  C  G  H
G  H  H  V  M  K  B  A  A  T  O  S  V  K  A
H  İ  Ş  H  A  V  J  S  R  E  Y  R  I  E  V
I  K  L  I  M  N  L  N  İ  H  S  T  G  M  A
B  A  J  K  D  M  L  V  T  L  A  K  T  U  S
P  A  R  K  L  A  R  A  A  İ  T  V  O  R  N
H  A  Z  I  R  L  I  K  R  K  N  I  P  U  P
P  F  Q  K  Z  D  A  K  G  E  A  G  L  Ç  D
C  U  A  Q  G  A  C  D  M  L  Y  Ü  A  U  G
U  C  E  Ğ  Z  Ğ  U  E  P  E  R  N  N  C  J
Z  M  D  K  I  A  R  R  K  R  O  E  T  G  P
H  Z  D  B  V  R  A  L  Ş  A  T  Ş  I  B  G
```

HAYVANLAR	PARKLAR
SU	TAŞLAR
YORGUN	UÇURUM
IKLIM	TEHLİKELER
TOPLANTI	AĞIR
HARİTA	HAZIRLIK
DAĞ	VAHŞİ
DOĞA	GÜNEŞ
ORYANTASYON	HAVA

46 - Biologia

```
N U Q J M R E İ H M Y K M T H
İ N J E R F İ T F P İ D J A C
Y F O T O S E N T E Z B L Y Z
L C H L G V L E İ B P T E H H
H A N A T O M İ V S N Ö R O N
A O R İ P H C H H R A İ N R S
R Y R M E M E L İ V İ F N U Y
Z C S M N İ E T O R P M K O M
J S G M O Z O M O R K J O K B
K İ N E G N Ü R Ü S G M L F İ
H N K R Z E C J I E O K A F O
U A B C D O Ğ A L T Z N J V S
P P K Ü L O Y İ R B M E E Z İ
Y S H H Z N S Q S S O L N U S
B A K T E R İ N O Y S A T U M
```

ANATOMİ
BAKTERİ
HÜCRE
KOLAJEN
KROMOZOM
EMBRİYO
ENZİM
EVRIM
FOTOSENTEZ
HORMON

MEMELİ
MUTASYON
DOĞAL
SINIR
NÖRON
OZMOS
PROTEİN
SÜRÜNGEN
SYMBİOSİS
SİNAPS

47 - Beleza

```
I  Y  S  Ş  A  M  P  U  A  N  A  R  V  L  L
Y  G  A  L  K  H  N  Z  A  T  E  E  R  L  D
K  Y  K  Ğ  F  V  V  B  R  H  O  N  S  Q  L
O  O  A  G  L  M  Q  E  A  J  M  K  Z  Z  F
V  Y  M  T  D  A  K  O  K  U  S  J  D  A  P
B  I  E  P  Z  C  R  R  S  M  A  K  Y  A  J
N  N  R  F  T  K  S  N  A  Z  R  Z  E  G  U
A  G  M  E  K  İ  T  E  M  Z  O  K  I  U  R
Z  Y  D  Ü  Z  N  L  B  M  V  D  A  O  M  S
C  A  N  T  Y  E  I  I  U  G  A  L  O  R  T
E  F  R  A  L  J  C  Z  A  R  A  F  E  T  İ
C  N  A  I  H  O  C  A  G  P  T  U  D  C  L
O  T  K  R  F  T  A  C  D  A  U  T  P  S  İ
F  M  O  H  C  O  U  D  F  J  E  Ü  F  U  S
T  H  R  V  O  F  D  R  I  C  D  L  U  A  T
```

RUJ	KOKU
CAZIBE	LÜTUF
RENK	MAKYAJ
KOZMETİK	YAĞLAR
ZARIF	CILT
ZARAFET	MASKARA
AYNA	DÜZ
STİLİST	MAKAS
FOTOJENİK	ŞAMPUAN

48 - Água

```
A  P  I  N  Ş  A  C  E  M  C  B  O  O  Q  E
N  T  S  E  B  U  Z  M  O  K  U  L  S  E  N
N  M  N  C  Y  J  D  M  U  A  H  Z  S  R  U
M  U  S  S  Q  H  S  I  K  R  A  H  U  B  A
R  I  H  E  N  O  S  U  M  K  R  K  N  E  M
Q  A  S  D  H  Z  E  G  H  K  L  Z  Z  Z  A
E  G  L  Ö  G  M  I  A  G  A  A  Y  B  J  L
O  R  F  A  O  F  H  G  O  N  Ş  Z  G  O  U
K  I  H  Q  G  I  S  R  V  A  M  N  R  C  S
Y  S  G  E  S  L  D  J  O  L  A  D  Z  R  D
A  A  A  V  H  Q  A  Z  K  K  V  M  R  E  I
N  K  Y  O  K  A  Y  D  M  Q  G  M  L  C  K
U  V  Z  I  T  S  E  L  O  Y  A  Ğ  M  U  R
S  T  E  E  N  G  A  P  G  N  D  V  U  V  U
Z  J  R  B  E  V  H  P  F  V  V  S  M  U  O
```

KANAL	SULAMA
YAĞMUR	GÖL
DUŞ	MUSON
BUHARLAŞMA	KAR
KASIRGA	OKYANUS
DON	DALGALAR
BUZ	NEHIR
GAYZER	NEM
SEL	BUHAR

49 - Ecologia

```
N  B  U  G  D  Y  N  N  E  S  F  N  L  A  K
K  E  A  Q  Z  T  Y  T  O  Z  A  F  I  B  A
R  K  U  L  U  L  P  O  T  F  U  L  G  İ  Y
Z  A  B  A  T  A  K  L  I  K  N  O  S  T  N
M  Z  A  A  G  E  Y  Q  H  E  A  R  B  K  A
Ç  E  Ş  I  T  L  I  L  I  K  G  A  İ  İ  K
J  B  N  A  Q  M  U  Z  U  Y  Ö  D  T  Ö  L
Y  C  C  Y  K  H  D  İ  R  D  N  A  K  R  A
Z  P  T  O  U  L  K  N  E  O  Ü  S  İ  T  R
Y  N  I  Z  R  C  K  E  M  Ğ  L  U  L  Ü  E
C  U  O  G  A  Ğ  O  D  R  A  L  H  E  S  T
I  S  K  L  K  K  H  Y  R  L  Ü  C  R  Ü  Y
V  L  K  Y  L  E  S  E  R  Ü  K  K  R  F  O
G  M  T  M  I  L  K  I  D  A  Ğ  L  A  R  L
H  P  D  T  K  T  J  F  C  V  N  B  A  K  V
```

IKLIM	DOĞA
TOPLULUK	BATAKLIK
ÇEŞITLILIK	BİTKİLER
FAUNA	KAYNAKLAR
FLORA	KURAKLIK
KÜRESEL	BEKA
DENİZ	BİTKİ ÖRTÜSÜ
DAĞLAR	GÖNÜLLÜ
DOĞAL	

50 - Família

```
T  Z  T  Ç  İ  K  İ  Z  L  E  R  T  J  C  H
O  O  O  E  O  I  G  N  E  S  M  F  Z  G  P
Y  S  R  E  Y  C  K  I  Z  K  A  R  D  E  Ş
E  C  E  U  E  Z  U  K  D  Y  T  K  L  N  E
R  P  A  K  N  P  E  K  K  T  A  U  Q  N  D
K  Y  M  A  N  K  P  U  L  K  O  C  A  A  R
E  E  C  D  A  P  H  L  Z  A  R  O  U  K  A
K  Ğ  A  I  B  T  T  K  K  N  R  Ç  C  Ü  K
Y  E  I  N  A  C  H  U  I  A  O  U  M  Y  K
E  N  K  E  B  Q  N  C  Z  O  T  N  U  Ü  E
Ğ  K  R  Ş  K  N  P  O  E  S  R  D  C  B  K
E  N  V  K  Ü  B  J  Ç  V  K  A  L  B  E  R
N  P  C  A  Y  A  I  P  L  F  Y  Z  I  A  E
A  V  B  R  Ü  B  V  Z  A  K  U  Z  E  N  K
F  A  P  Z  B  A  H  K  T  M  Z  S  B  J  U
```

ATA	ERKEK KARDEŞ
BÜYÜKANNE	KOCA
BÜYÜK BABA	ANNE
ÇOCUK	TORUN
ÇOCUKLAR	BABA
KADIN EŞ	KUZEN
KIZ EVLAT	YEĞEN
İKİZLER	ERKEK YEĞEN
ÇOCUKLUK	TEYZE
KIZ KARDEŞ	AMCA

51 - Férias #2

```
T  R  O  P  A  S  A  P  S  E  Y  A  H  A  T
N  A  R  O  T  S  E  R  D  Z  O  R  Z  D  H
M  L  Ş  Z  K  Z  B  C  M  İ  V  P  S  E  Z
N  F  O  I  T  T  B  Q  K  V  O  C  Q  K  K
Y  A  B  N  M  L  L  C  I  R  L  Z  F  J  P
M  R  V  A  Q  A  H  A  R  İ  T  A  Z  C  B
N  Ğ  U  M  F  F  C  H  E  D  E  F  Y  N  U
L  O  D  İ  Y  Q  Z  I  N  E  D  U  S  E  C
C  T  E  L  F  A  C  S  L  K  İ  A  O  C  F
D  O  R  A  G  E  B  Z  Q  I  S  P  L  A  J
I  F  T  V  P  T  Y  A  P  P  K  M  E  A  K
C  P  T  A  N  C  D  I  N  E  A  L  T  K  S
M  D  A  H  U  B  F  J  Q  C  T  Y  O  G  D
D  O  B  D  S  I  K  T  N  L  I  J  B  H  Y
Y  H  D  D  A  Ğ  L  A  R  I  D  A  Ç  Y  A
```

HAVALİMANI	DAĞLAR
HEDEF	PASAPORT
YABANCI	PLAJ
FOTOĞRAFLAR	RESTORAN
OTEL	TAKSİ
ADA	ÇADIR
BOŞ	TAŞIMACILIK
HARİTA	SEYAHAT
DENIZ	VİZE

52 - Edifícios

```
K N K H O E N J P T I S F A F
L A M E N İ S L F M U C Y R F
A M L S T A D Y U M Z O C I H
B T O E S Ü P E R M A R K E T
O R T F L U K O I G Z T İ Z C
R A E A J U S E H U F A L Ü E
A P L B B J K S A U H Y İ M P
T A E R Ç A D I R Y M İ Ç R A
U V O I J P F Q L K A T L B J
V E J K K L B K L T E P E V V
A M O A G G Z Q K K F E D I R
R R A S A T H A N E B I B M G
D T R V O P M S A Y M V Ç E U
T Q P G A R A J H A S T A N E
G J A K S Ü N I V E R S I T E
```

APARTMAN
KALE
AHIR
SİNEMA
ELÇİLİK
OKUL
STADYUM
ÇIFTLIK
FABRIKA
GARAJ

HASTANE
OTEL
LABORATUVAR
MÜZE
RASATHANE
SÜPERMARKET
TİYATRO
ÇADIR
KULE
ÜNIVERSITE

53 - Xadrez

```
O  O  B  K  J  L  S  N  A  M  Ş  I  R  A  Y
Y  Y  U  E  T  N  I  H  Z  T  S  D  A  V  O
U  U  V  M  Y  K  R  A  L  I  V  Q  K  U  C
N  N  F  N  H  A  Y  I  S  F  Y  H  I  N  J
O  C  R  E  H  K  Z  A  R  P  A  Ç  P  R  Y
Y  U  S  R  T  Ü  Z  Ü  K  U  Q  I  E  U  O
İ  K  L  Ğ  I  P  O  Z  U  J  A  C  H  T  R
P  L  R  Ö  F  O  Q  F  P  P  R  U  E  U  I
M  H  N  A  A  J  K  V  M  A  A  G  D  E  G
A  E  R  A  L  K  U  L  R  O  Z  S  D  S  L
Ş  V  K  G  F  I  B  Q  D  J  J  N  I  S  D
R  B  G  Q  J  Z  Ç  Z  F  O  G  O  F  F  C
H  Z  G  Y  J  İ  J  E  T  A  R  T  S  L  N
L  C  P  I  Y  G  K  H  G  T  Q  I  C  U  O
Y  I  K  U  R  B  A  N  A  M  A  Z  E  J  Y
```

ÖĞRENMEK	RAKIP
BEYAZ	PASİF
ŞAMPİYON	SIYAH
YARIŞMA	KRALİÇE
ZORLUKLAR	TÜZÜK
ÇAPRAZ	KRAL
STRATEJİ	KURBAN
OYUNCU	ZAMAN
OYUN	TURNUVA

54 - Aventura

```
G  R  F  C  G  L  B  K  C  U  D  G  G  L  O
I  E  K  V  C  T  C  I  N  E  Y  B  S  B  B
S  F  Z  H  P  Q  V  T  G  S  S  E  V  E  H
Y  E  M  I  J  R  A  L  Ş  A  D  A  K  R  A
A  S  T  E  H  L  I  K  E  L  I  Q  R  F  R
G  D  L  H  A  U  D  O  U  N  Y  O  U  E  S
Ü  O  V  J  I  Y  K  I  L  L  E  Z  Ü  G  T
Z  Ğ  I  E  N  M  N  K  I  L  R  I  Z  A  H
E  A  Z  O  R  L  U  K  L  A  R  O  V  E  M
R  I  Ş  I  D  N  A  Ğ  A  L  O  I  Z  M  J
G  T  A  S  R  I  F  E  D  E  H  I  I  N  B
A  Ç  N  İ  V  E  S  I  P  U  B  K  Y  İ  S
H  I  S  Ş  A  Ş  I  R  T  I  C  I  A  Y  D
O  K  J  G  N  I  P  C  Q  Q  H  Q  I  E  C
B  C  R  P  P  V  T  T  G  K  F  K  J  T  T
```

SEVİNÇ	OLAĞAN DIŞI
ARKADAŞLAR	GÜZERGAH
GÜZELLIK	DOĞA
CESARET	SEFER
ŞANS	YENI
ZORLUKLAR	FIRSAT
HEDEF	TEHLIKELI
ZORLUK	HAZIRLIK
HEVES	EMNİYET
GEZI	ŞAŞIRTICI

55 - Cidade

```
Ç  B  Z  B  I  S  E  K  T  B  A  N  K  A  V
İ  J  T  E  I  Ç  P  A  T  İ  K  O  B  N  K
Ç  B  G  E  M  I  M  O  E  A  Y  L  E  T  O
E  S  Z  E  U  E  T  K  K  R  P  A  K  N  G
K  R  T  G  S  R  T  U  R  U  E  S  T  I  U
Ç  S  T  A  D  Y  U  M  A  I  L  I  Z  R  V
İ  P  Z  I  Y  H  J  A  M  E  N  İ  S  K  O
R  V  M  E  A  R  J  E  R  T  I  R  A  Ü  H
N  A  R  O  T  S  E  R  E  U  R  E  E  T  A
M  Ü  Z  E  H  U  K  Q  P  U  I  L  C  Ü  B
F  T  J  A  A  R  U  M  Ü  I  F  A  Z  P  F
A  Z  E  F  P  J  S  D  S  H  E  G  A  H  G
H  A  V  A  L  İ  M  A  N  I  Z  J  N  A  N
K  L  İ  N  İ  K  G  B  E  G  A  I  E  N  Z
Ü  N  I  V  E  R  S  I  T  E  E  T  P  E  V
```

HAVALİMANI   OTEL
BANKA   KİTAPÇI
KÜTÜPHANE   PAZAR
SİNEMA   MÜZE
KLİNİK   FIRIN
OKUL   RESTORAN
STADYUM   SALON
ECZANE   SÜPERMARKET
ÇİÇEKÇİ   TİYATRO
GALERİ   ÜNIVERSITE

56 - Música

```
L F B M İ T İ R O F Z A N A K
C Y M Ü B L A F I C I K R A Ş
F P L Z Q K İ S A L K İ R İ L
Y J U İ O Z Y U O T E M P O L
K G S K G P N A M Ü R T S N E
N O H A A T E E H N D İ V T S
E K R L M C Y R K H T R Q O R
H K B O A V S E A L Z F L C İ
A A D Z L F İ N Q K E A U V İ
T Y G Ç N Z J P Y Y K I P Ş
V I H C A L Ü V O K A L T C Z
Y T Y V Ğ U M M E L O D İ İ V
M İ K R O F O N Z F R I S G K
Y P N N D V N G U F S D U P Z
G M B S K C S A B O C G Q A M
```

ALBÜM	MELODİ
ŞARKICI	MİKROFON
KLASİK	MÜZİKAL
KORO	MÜZİSYEN
EKLEKTİK	OPERA
KAYIT	ŞİİRSEL
AHENK	RİTİM
DOĞAÇLAMA	RİTMİK
ENSTRÜMAN	TEMPO
LİRİK	VOKAL

57 - Matemática

```
Ç  D  I  K  D  Ö  R  T  G  E  N  E  P  B  L
D  E  U  P  R  Z  G  E  O  M  E  T  R  İ  J
O  B  V  P  Y  O  M  I  C  A  H  D  R  U  T
Q  L  E  R  A  K  O  T  T  L  K  O  Ş  U  T
N  I  O  A  E  E  A  O  J  P  F  S  O  Y  Z
C  K  H  N  I  S  F  E  F  O  U  İ  N  A  Z
Ü  Ç  G  E  N  I  Ü  R  A  T  K  M  D  R  M
Z  I  K  K  B  R  A  L  I  Ç  A  E  A  I  B
P  Y  I  L  Y  A  Ç  T  B  E  L  T  L  Ç  K
J  K  P  E  C  L  J  A  V  C  F  R  I  A  E
B  A  U  L  M  I  G  R  P  V  K  İ  K  P  I
A  Z  B  A  A  Y  B  N  Ç  O  K  G  E  N  K
O  L  M  R  N  A  Q  E  D  E  N  K  L  E  M
N  S  V  A  Z  S  A  R  İ  T  M  E  T  İ  K
O  B  O  P  T  J  L  K  R  D  B  G  K  R  E
```

ARİTMETİK	PARALELKENAR
AÇILAR	ÇEVRE
ONDALIK	ÇOKGEN
ÇAP	KARE
DENKLEM	YARIÇAP
ÜS	DIKDÖRTGEN
KESIR	SİMETRİ
GEOMETRİ	TOPLAM
SAYILAR	ÜÇGEN
KOŞUT	HACIM

58 - Saúde e Bem Estar #1

```
O  B  A  F  E  C  R  H  R  A  G  Z  M  G  F
A  K  U  S  N  I  D  O  E  L  D  U  R  U  Ş
M  E  Y  Ç  A  L  İ  R  F  I  Y  T  S  R  F
A  L  N  B  K  T  I  M  L  Ş  Ü  E  D  A  D
L  I  T  Y  N  I  E  O  E  K  K  D  P  Ç  I
T  E  R  A  P  İ  R  N  K  A  S  A  A  L  Z
A  N  O  E  K  K  E  I  S  N  E  V  P  I  N
H  A  T  D  L  V  L  N  K  L  K  I  J  K  R
A  Z  K  I  Y  K  R  B  K  I  L  K  V  İ  V
R  C  O  J  M  E  İ  O  A  K  I  E  V  N  L
M  E  D  O  Z  Y  N  M  C  K  K  G  L  İ  O
E  T  K  I  N  C  İ  T  E  Y  T  B  L  L  T
V  İ  R  Ü  S  A  S  J  Z  K  U  E  A  K  L
V  Q  E  L  D  J  V  L  Q  T  Q  Z  R  H  I
F  I  B  M  S  B  L  C  F  M  H  D  U  İ  A
```

YÜKSEKLIK	İLAÇ
ETKIN	SİNİRLER
BAKTERİ	KEMİKLER
KLİNİK	CILT
DOKTOR	DURUŞ
ECZANE	REFLEKS
AÇLIK	RAHATLAMA
KIRIK	TERAPİ
ALIŞKANLIK	TEDAVI
HORMON	VİRÜS

59 - Natureza

```
B  F  V  L  S  U  I  G  E  H  M  Z  D  A  O
I  U  C  H  H  R  E  Q  U  U  F  Q  N  R  R
I  K  L  I  D  F  U  Y  K  Z  H  Q  M  A  T
K  E  A  U  Z  A  Z  Y  P  U  K  G  A  L  T
I  Y  A  E  T  E  Ğ  V  C  R  I  H  E  N  T
L  Ç  Ö  L  B  L  P  L  H  L  T  B  O  A  R
L  A  V  U  A  Q  A  K  A  U  K  A  D  V  O
E  R  O  Z  Y  O  N  R  P  R  R  R  S  Y  P
Z  D  B  U  L  Y  O  S  O  B  A  I  U  A  İ
Ü  B  S  B  R  O  N  G  Q  S  K  N  I  H  K
G  D  İ  N  A  M  İ  K  G  N  O  A  G  O  A
Y  E  Ş  İ  L  L  İ  K  S  H  F  K  Q  R  L
S  M  H  Q  R  V  K  F  N  İ  K  A  S  M  Y
İ  T  A  Y  A  H  A  G  R  L  S  O  A  A  S
F  D  V  I  T  A  G  T  E  T  V  U  G  N  N
```

ARLAR	DAĞLAR
HAYVANLAR	SİS
ARKTIK	BULUTLAR
GÜZELLIK	HUZURLU
ÇÖL	NEHIR
DİNAMİK	BARINAK
EROZYON	VAHŞİ
ORMAN	SAKİN
YEŞİLLİK	TROPİKAL
BUZUL	HAYATİ

60 - A Empresa

```
K  N  M  E  B  G  R  K  K  Z  I  A  K  L  Y
E  A  L  L  N  N  V  A  I  T  I  B  A  R  E
I  R  Y  Y  S  R  E  L  M  İ  R  İ  B  K  N
T  N  D  N  N  K  M  I  J  N  K  M  K  K  I
Y  P  I  Ü  A  Z  A  T  Z  R  G  P  E  B  L
Y  M  C  R  Y  K  E  E  M  E  L  R  E  L  I
Y  A  I  Ü  D  G  L  N  I  M  H  Z  G  T  K
K  V  T  T  S  J  A  D  A  I  O  I  Q  Ç
I  Ş  A  I  P  T  R  E  R  Ü  E  B  V  C  I
L  Q  R  A  R  A  K  R  I  K  S  Z  B  E  S
I  M  A  V  D  I  S  S  L  M  S  T  S  V  U
S  Q  Y  V  E  H  M  O  E  J  R  Y  R  I  N
A  İ  S  K  L  E  R  G  I  I  Q  E  I  U
L  E  N  O  Y  S  E  F  O  R  P  G  S  H  M
O  K  K  Q  Z  D  K  Ü  R  E  S  E  L  A  Y
```

SUNUM	ÜRÜN
YARATICI	PROFESYONEL
KARAR	ILERLEME
IŞ	KALITE
KÜRESEL	GELIR
ENDÜSTRI	KAYNAKLAR
YENILIKÇI	ITIBAR
YATIRIM	RİSKLER
OLASILIK	BIRIMLER

61 - Doença

```
A G R H S A T K G F I O D C R
B L P Y J C E A G T P T D I Z
K U E R A O R L E Z I H C A R
D D L R S L A P N S A Ğ L I K
B U G A J K P N E K L N Q A R
U B S S Ş İ İ İ T A P O R Ö N
Z V A J G I L T İ T M K Y Y Y
A Ü S Ğ R A C E K K R O N İ K
Y C E M I G Z I R E B M O L D
I U N S G Ş K A L I T S A L H
F T D J N M I K E M İ K L E R
N S R A K B S K O N A M E A M
S F O P A H İ T L İ T Y R K Y
Y V M U N U L O S I M S L U K
P A T O J E N L E R K M V T I
```

AKUT
ALERJİLER
BULAŞICI
KALP
VÜCUT
KRONİK
ZAYIF
GENETİK
KALITSAL
BAĞIŞIKLIK

İLTİHAP
LOMBER
NÖROPATİ
KEMİKLER
PATOJENLER
SOLUNUM
SAĞLIK
SENDROM
TERAPİ

62 - Aquecimento Global

Ş	N	N	I	F	V	O	E	J	D	F	K	E	U	Ç
F	I	E	M	U	E	T	N	C	Q	T	U	L	L	E
J	R	M	S	D	R	K	E	V	U	A	S	M	U	V
D	V	D	D	İ	I	K	R	H	E	R	D	B	S	R
R	O	D	L	I	L	A	J	I	N	N	D	E	L	E
A	R	K	T	I	K	L	I	I	K	L	I	M	A	S
L	H	Z	A	R	N	H	E	M	B	H	G	Ş	R	E
K	R	H	U	T	F	Ü	C	R	G	F	A	I	A	L
I	R	Ü	Z	S	N	V	F	I	I	P	Z	L	R	P
L	J	K	V	Ü	U	C	L	U	L	H	I	E	A	P
K	R	Ü	E	D	L	E	Q	G	S	C	R	G	S	K
A	I	M	M	N	I	J	E	I	Q	J	K	R	I	T
C	M	E	Q	E	G	E	L	E	C	E	K	Y	B	V
I	T	T	D	G	G	C	Y	D	C	C	P	S	Q	Q
S	E	P	E	F	G	V	C	C	Z	E	N	A	Y	Y

ŞIMDI
ÇEVRESEL
ARKTIK
IKLIM
KRIZ
VERI
GELIŞME
ENERJI
GELECEK

GAZ
NESİLLER
HÜKÜMET
ENDÜSTRI
ULUSLARARASI
MEVZUAT
NÜFUS
SICAKLIKLAR

63 - Aviões

```
Z A R R R Q U M N P Ş Y H F E
B H M A V A H A G E İ Ö L I L
J H R K Q G S T C R Ş N P T U
M M H I R A T O B V İ A O Q V
Z L M M T I K A Y A R E C A M
F D U C L O Y C I N M M N T V
Y Ü K S E K L I K E E Ü H Ü T
O Z M H E O H İ F N K R İ R A
D Ü K G J N Q Y P K I E D B Q
G Y A T M O S F E R Ş T R Ü E
M K M S J L S Y A P I T O L H
A Ö H O G A Z M P G N E J A J
U G O G T B J A I J I B E N H
B O N K J O B P L L E A N S O
D Q G P P R R L O A J T I C M
```

RAKIM	YÖN
YÜKSEKLIK	PERVANE
HAVA	HİDROJEN
ATMOSFER	TARIH
MACERA	ŞİŞİRMEK
BALON	MOTOR
GÖKYÜZÜ	YOLCU
YAKIT	PİLOT
YAPI	MÜRETTEBAT
INIŞ	TÜRBÜLANS

64 - Tipos de Cabelo

```
Z  G  E  U  I  M  I  K  A  Ş  U  M  U  Y  I
L  G  I  N  C  E  N  U  Z  U  Y  P  F  F  F
Q  P  R  S  K  I  C  R  I  V  I  K  D  D  L
I  H  I  İ  D  B  O  U  U  Z  Ş  R  Q  D  E
S  A  R  I  Ş  I  N  D  I  Q  Ü  G  R  Ö  F
G  Y  C  G  Q  D  I  I  A  Z  M  L  V  R  O
P  I  V  N  C  A  L  R  S  L  Ü  R  D  B  O
N  S  Ö  E  G  M  A  S  I  E  G  O  A  J  S
E  I  Q  R  V  U  K  F  K  K  Q  A  G  E  Y
F  G  O  E  G  A  L  M  G  P  L  G  L  Z  A
I  A  I  V  J  Ü  B  E  Y  A  Z  B  J  I  O
R  Y  L  H  U  I  L  K  I  L  Ğ  A  S  D  P
D  N  D  A  I  Y  F  Ü  P  A  R  L  A  K  T
E  İ  L  K  N  E  R  T  U  O  Q  R  R  A  L
S  D  A  L  E  A  J  D  H  P  A  M  C  Q  S
```

BEYAZ	UZUN
PARLAK	KAHVERENGI
KEL	DALGALI
GRİ	GÜMÜŞ
RENKLİ	SIYAH
KISA	SAĞLIKLI
KIVIRCIK	KURU
INCE	YUMUŞAK
KALIN	ÖRGÜLÜ
SARIŞIN	ÖRGÜ

65 - Formas

```
A  A  N  L  O  B  R  E  P  İ  H  N  I  I  T
D  R  D  A  I  R  E  K  Ü  P  N  U  H  Q  E
S  I  K  V  S  Y  R  K  Ö  Ş  E  D  L  R  C
P  S  K  O  V  V  Ü  S  Q  L  G  S  E  Q  F
İ  İ  G  D  O  P  K  T  U  H  Ç  Q  Z  J  Y
L  N  R  J  Ö  E  L  L  E  V  Ü  E  E  Z  R
E  O  O  A  P  R  K  A  R  E  E  E  Ğ  B  V
L  K  T  M  M  B  T  Y  U  T  M  N  R  F  U
L  N  I  Z  P  İ  L  G  S  L  B  V  I  L  B
O  O  E  İ  Z  P  T  D  E  C  S  D  U  N  U
J  M  I  R  N  D  M  E  H  N  E  G  K  O  Ç
C  U  F  P  H  H  S  İ  L  İ  N  D  İ  R  B
B  J  P  F  I  K  T  I  F  N  A  R  L  N  I
N  T  P  A  A  H  U  K  Z  J  Y  J  Y  J  C
F  Q  Z  N  T  U  J  F  K  H  T  R  I  S  R
```

ARK	YAN
KÖŞE	SIRA
SİLİNDİR	OVAL
DAIRE	PİRAMİT
KONİ	ÇOKGEN
KÜP	PRİZMA
EĞRI	KARE
ELİPS	DIKDÖRTGEN
KÜRE	ÜÇGEN
HİPERBOL	

66 - Dias e Meses

```
O C A K D J Y A P M K H D T C
B H F L D C Y D Ğ A H Q T E U
S I L J N R F K H U Z U Z M M
F N T L N A S I N M S A D M A
P A Z A R T E S I S A T R U R
P R F V K F B R R B R A O Z T
E I C L F A C U M A A J D S E
R Z Z A L H S V C J L I Y A S
Ş A Ş U B A T I Q E I B E L I
E H G N S A L I M I K E Y A A
M Z H G U Q Y P I J U B L N U
B J A L V Q B G V B G O Ü R U
E S D P Y C S M K T R S L H P
G C F O M G S G A U K A J H N
L S B L T E Y E T Y N K J E Y
```

NISAN	AY
AĞUSTOS	KASIM
YIL	EKIM
TAKVIM	PERŞEMBE
ARALIK	CUMARTESI
PAZAR	PAZARTESI
ŞUBAT	HAFTA
OCAK	EYLÜL
TEMMUZ	CUMA
HAZIRAN	SALI

67 - Saúde e Bem Estar #2

```
V  M  N  T  S  L  K  E  Z  Z  U  G  G  R  K
S  A  Ğ  L  I  K  L  I  N  E  Y  J  I  H  A
A  N  A  T  O  M  İ  U  V  E  I  T  L  Z  L
K  U  R  T  A  R  M  A  A  Ü  R  K  J  R  O
E  N  F  E  K  S  I  Y  O  N  C  J  A  I  R
A  O  J  N  K  H  J  J  H  P  I  U  I  N  İ
E  T  N  Y  İ  A  G  S  F  T  H  A  T  Ş  I
D  I  Y  E  T  S  B  C  S  Z  C  S  L  H  S
N  D  U  I  E  T  J  S  L  P  F  D  E  A  İ
F  E  J  D  N  A  J  V  V  I  T  H  C  S  N
J  R  H  H  E  L  A  Ğ  I  R  L  I  K  T  D
O  C  L  V  G  I  S  K  C  M  P  N  Q  A  İ
N  M  T  Y  M  K  A  L  E  R  J  İ  U  R
Z  O  C  İ  N  İ  M  A  T  İ  V  U  B  E  İ
S  U  S  U  Z  L  U  K  O  V  A  I  E  M  M
```

ALERJİ	GENETİK
ANATOMİ	HIJYEN
IŞTAH	HASTANE
KALORİ	ENFEKSIYON
VÜCUT	MASAJ
SUSUZLUK	AĞIRLIK
DIYET	KURTARMA
SİNDİRİM	KAN
HASTALIK	SAĞLIKLI
ENERJI	VİTAMİNİ

68 - Geografia

```
E  İ  E  Y  E  Z  U  K  R  R  E  Z  Y  C  J
J  Y  Q  Ğ  A  D  L  G  A  U  K  R  O  O  Z
Y  B  B  S  M  R  J  A  K  D  E  B  A  T  I
V  D  E  N  İ  Z  I  T  İ  D  N  D  L  M  T
G  B  B  O  R  K  G  M  M  İ  T  M  V  J  U
D  Ü  C  E  B  A  I  J  K  K  N  E  H  I  R
Ü  O  N  S  G  N  D  O  M  Ü  J  L  K  L  V
N  K  N  E  Y  D  İ  R  E  M  R  N  Y  L  V
Y  Y  O  N  Y  R  Z  H  S  S  V  E  H  P  Ü
A  A  B  Q  S  H  N  O  O  N  H  K  L  L  B
V  N  A  D  A  H  A  R  İ  T  A  I  N  E  I
C  U  E  G  L  Ö  B  B  J  Y  H  T  G  J  B
N  S  L  D  T  Y  J  N  M  U  L  A  E  F  C
B  O  Y  L  A  M  J  H  T  Q  I  D  H  O  Z
B  L  Q  M  P  J  C  R  Z  A  S  O  R  P  Q
```

RAKIM	MERİDYEN
ATLAS	DAĞ
KENT	DÜNYA
KITA	KUZEY
YARIMKÜRE	OKYANUS
ADA	BATI
ENLEM	ÜLKE
BOYLAM	NEHIR
HARİTA	GÜNEY
DENIZ	BÖLGE

69 - Antártica

```
K  I  L  K  A  C  I  S  C  P  E  S  A  M  E
Y  A  T  I  K  B  E  F  R  O  L  K  D  İ  U
N  M  Y  N  E  U  G  N  E  P  E  P  A  N  Q
A  U  O  A  V  Z  B  J  F  R  R  U  L  E  N
P  R  K  A  L  H  D  F  E  A  V  T  A  R  C
Q  O  Y  J  Z  I  N  H  S  L  G  E  R  A  O
J  K  G  T  V  B  K  L  G  L  E  Y  Ç  L  Ğ
B  A  L  I  N  A  L  A  R  U  C  J  Ö  L  R
P  S  C  E  U  G  D  D  E  Z  K  F  G  E  A
J  S  L  C  S  R  H  O  V  U  T  Z  Q  R  F
L  S  A  T  A  M  N  R  J  B  F  P  J  M  Y
C  I  C  A  M  R  I  T  Ş  A  R  A  M  N  A
Y  Y  R  N  Y  P  O  L  K  A  B  O  S  V  C
M  A  E  J  S  U  J  F  I  Q  H  B  G  T  T
Y  A  R  I  M  A  D  A  M  B  P  B  Q  V  U
```

ÇEVRE
SU
KOY
BALINALAR
BILIMSEL
KORUMA
KITA
SEFER
BUZULLAR
BUZ

COĞRAFYA
ADALAR
ARAŞTIRMACI
GÖÇ
MİNERALLER
YARIMADA
PENGUEN
KAYALIK
SICAKLIK

70 - Flores

```
H  M  K  L  O  E  İ  S  A  M  R  M  F  I  O
O  Q  A  N  C  B  F  J  B  O  R  J  H  P  M
V  O  B  E  Q  E  R  R  K  Q  N  T  F  S  Y
H  L  F  S  İ  G  R  E  N  I  D  S  R  R  O
G  A  Z  N  I  Ü  B  T  L  E  Y  L  A  K  N
O  A  İ  R  E  M  U  L  P  O  G  A  Y  V  C
R  Y  R  I  U  E  B  U  K  E  T  Ü  K  D  A
K  T  L  D  G  C  H  A  Ş  H  A  Ş  L  A  Y
İ  A  A  K  E  İ  Ğ  E  Ç  İ  Ç  Y  A  T  Ş
D  P  L  A  T  N  A  V  A  L  Z  İ  F  K  F
E  A  E  B  E  M  Y  Y  A  S  E  M  İ  N  O
D  P  J  M  İ  N  K  A  Y  L  O  N  A  M  L
K  A  R  A  H  İ  N  D  İ  B  A  C  V  K  B
S  M  R  Z  H  K  Y  A  P  R  A  K  A  K  S
T  M  R  C  I  J  A  O  I  M  U  Y  B  M  C
```

BUKET	PAPATYA
KARAHİNDİBA	NERGİS
GARDENYA	ORKİDE
AYÇİÇEĞİ	HAŞHAŞ
EBEGÜMECİ	ŞAKAYIK
YASEMİN	YAPRAK
LAVANTA	PLUMERIA
LEYLAK	GÜL
ZAMBAK	YONCA
MANOLYA	LALE

71 - Fazenda #1

```
T  K  F  T  D  S  Y  S  T  T  A  R  I  M  B
H  T  T  B  J  I  O  E  A  U  N  V  A  D  U
R  K  D  O  M  U  Z  C  L  B  J  D  D  J  Z
L  O  I  F  G  C  R  B  A  Y  J  Z  H  Z  A
J  M  M  O  E  R  Q  Ç  N  T  A  V  U  K  Ğ
K  L  M  O  K  S  B  N  K  U  A  K  H  Y  I
J  K  E  D  İ  Ü  R  I  A  C  R  Z  E  V  P
N  D  K  C  K  R  F  R  R  M  I  P  I  Ç  S
D  P  Ö  P  U  Ü  N  I  G  Z  A  D  G  C  I
V  B  P  G  Q  N  J  P  A  H  Y  S  T  O  B
E  M  E  S  U  S  B  T  G  U  U  C  U  G  A
T  Ş  K  B  Ç  U  N  V  H  S  C  Z  İ  M  L
Z  C  E  K  I  I  O  Y  M  P  Q  I  N  A  H
H  I  R  K  T  Q  Q  E  R  A  C  T  E  F  A
O  B  A  T  Z  L  Z  G  Ü  B  R  E  K  H  B
```

ARI	ÇIT
TARIM	KARGA
PIRINÇ	SAMAN
SU	GÜBRE
BUZAĞI	TAVUK
EŞEK	KEDİ
KEÇI	BAL
ALAN	DOMUZ
AT	SÜRÜ
KÖPEK	İNEK

72 - Livros

```
N H Z G C V R Z D A Y L B N C
B L I K O Z O J Z N A F Y A S
T R D G T F M C B L R V T T P
E D E B Î R A I D A A A O S B
L V T B K K N K V T T M D E R
K M H A İ T O İ N I I Z I D L
Y A Z I L I Ş L R C C G C B P
G L F Ö İ C I İ E I I K A I H
T Ğ R Y K M I G T K V V U A N
Q A A K İ D R L K İ S V C H Z
Y B R Ü K P Y İ A J R I U U H
A B E İ Y A Z A R A K O Y C L
F Q C C H H H H A R K K U O Q
S H A A S P A P K T A I K Y N
C K M L L A I N K S A A O O H
```

YAZAR
MACERA
KOLEKSIYON
BAĞLAM
İKİLİK
YAZILI
DESTAN
ÖYKÜ
TARİH
YARATICI

OKUYUCU
EDEBÎ
ANLATICI
SAYFA
KARAKTER
ŞIIR
İLGİLİ
ROMAN
DIZI
TRAJİK

73 - Chocolate

```
R  G  F  M  G  K  L  U  C  V  K  P  E  R  A
T  E  M  P  M  C  E  I  R  O  V  A  F  S  V
J  B  R  T  Y  I  F  P  O  H  O  E  K  D  L
U  I  U  F  R  E  K  E  Ş  T  A  A  N  A  Z
G  M  O  V  R  Y  M  S  J  A  N  Q  F  L  O
C  S  T  E  A  H  Z  E  O  T  D  Q  E  E  T
G  T  Z  D  L  D  D  T  K  M  D  İ  G  Z  L
O  B  A  R  G  J  H  I  A  D  P  A  Z  Z  V
V  F  L  T  İ  R  O  L  A  K  G  R  O  E  D
A  C  I  Q  L  E  M  A  R  A  K  D  T  T  C
A  R  O  M  A  I  F  K  I  R  E  Ç  I  L  J
A  N  T  İ  O  K  S  İ  D  A  N  E  K  I  F
A  S  V  U  G  C  V  N  F  L  V  E  Q  M  M
Y  U  S  R  L  Z  H  K  L  E  Z  Z  E  T  A
B  V  Q  P  A  Z  U  H  R  B  Z  B  B  Y  O
```

ŞEKER	LEZZETLI
ACI	TATLI
ANTİOKSİDAN	EGZOTIK
AROMA	FAVORI
ZANAAT	TAT
KAKAO	IÇERIK
KALORİ	TOZ
KARAMEL	KALITE
YEMEK	LEZZET

74 - Governo

```
V  Q  G  J  U  T  E  S  A  Y  İ  S  A  P  N
A  G  Z  H  Y  E  Ş  V  Y  N  R  T  N  N  A
T  D  Y  B  M  U  İ  E  N  T  A  Q  İ  T  K
A  E  H  R  K  J  T  F  N  İ  G  Y  T  P  Q
N  M  Q  E  İ  H  L  A  S  U  L  U  A  U  M
D  O  A  D  L  İ  İ  M  Q  C  Y  A  M  S  C
A  K  M  İ  Z  T  K  Ş  O  C  G  D  K  P  A
Ş  R  Ş  L  İ  S  Ü  İ  O  F  N  A  S  U  F
L  A  U  N  S  F  L  T  U  U  E  L  İ  R  E
İ  S  N  G  M  J  R  R  K  L  G  E  V  B  M
K  İ  O  A  İ  N  Ü  A  A  T  U  T  İ  U  S
K  İ  K  N  Ğ  S  G  T  N  Q  U  S  L  A  S
Y  E  U  U  A  N  Z  C  U  D  E  V  L  E  T
F  N  B  V  B  D  Ö  J  N  B  Ö  L  G  E  Q
K  B  İ  R  P  S  E  M  B  O  L  G  B  R  H
```

VATANDAŞLIK	ADLİ
SIVIL	ADALET
ANAYASA	KANUN
DEMOKRASİ	ÖZGÜRLÜK
KONUŞMA	LİDER
TARTIŞMA	ANIT
BÖLGE	ULUSAL
DEVLET	ULUS
EŞITLIK	SİYASET
BAĞIMSIZLIK	SEMBOL

75 - Jardinagem

```
D  S  D  K  O  P  H  N  R  H  Q  T  R  B  N
J  K  E  M  E  M  M  N  G  F  K  S  O  U  S
K  I  T  O  Z  G  E  M  U  H  O  T  B  K  R
A  O  I  B  N  Z  M  I  Z  K  M  S  A  E  Q
R  Y  N  Y  E  Ş  İ  L  L  İ  K  O  H  T  Q
P  H  E  T  H  S  Y  K  I  F  A  P  Ç  B  T
A  T  O  N  E  T  Q  I  E  S  R  M  E  M  A
Y  G  Y  R  I  Y  N  E  M  V  P  O  K  L  U
Q  Y  I  Y  T  L  N  Z  Z  P  O  K  T  G  B
R  U  T  E  D  U  E  E  Z  J  T  I  I  S  H
Q  P  U  M  M  Y  M  B  R  Ç  İ  Ç  E  K  N
Q  B  O  T  A  N  İ  K  I  G  H  Q  H  P  A
R  H  Q  H  Q  P  Q  E  K  L  B  I  L  P  K
L  M  E  V  S  İ  M  L  İ  K  I  K  R  D  L
V  J  A  K  J  T  O  D  F  V  Q  R  Z  R  Q
```

SU	YEŞİLLİK
BOTANİK	HORTUM
BUKET	BAHÇE
IKLIM	KONTEYNER
YENILEBILIR	MEVSİMLİK
KOMPOST	TOHUM
EGZOTIK	TOPRAK
ÇİÇEK	KIR
YAPRAK	NEM

76 - Profissões #2

```
K  Ç  I  Z  E  R  P  B  D  Ç  A  T  D  Z  A
U  Ü  T  U  Q  E  İ  İ  I  R  A  İ  O  B
G  R  T  V  U  B  L  Y  Ş  F  A  P  L  O  A
A  P  I  Ü  F  N  O  O  Ç  T  Ş  F  B  L  H
Z  P  C  G  P  E  T  L  I  Ç  T  M  İ  O  Ç
E  M  U  P  I  H  M  O  U  I  I  Ü  L  G  I
T  Y  M  K  Ç  E  A  G  U  F  R  H  İ  V  V
E  Z  O  O  F  V  S  N  Z  İ  M  E  M  Ö  A
C  S  H  R  A  L  S  K  E  L  A  N  C  Ğ  N
I  T  Q  S  R  N  E  U  M  O  C  D  İ  R  B
B  M  T  V  Ğ  H  R  Y  D  Z  I  I  A  E  L
A  S  T  R  O  N  O  T  S  O  F  S  S  T  S
A  D  P  K  T  E  C  L  D  F  H  G  D  M  N
Q  H  V  R  O  T  K  O  D  G  Z  C  B  E  L
C  D  Q  I  F  C  E  R  R  A  H  Q  V  N  Y
```

ÇIFTÇI	MUCIT
ASTRONOT	ARAŞTIRMACI
KÜTÜPHANE	BAHÇIVAN
BİYOLOG	GAZETECI
CERRAH	DİLBİLİMCİ
DIŞÇI	DOKTOR
MÜHENDIS	PİLOT
FİLOZOF	RESSAM
FOTOĞRAFÇI	ÖĞRETMEN
ÇIZER	ZOOLOG

77 - Negócios

```
N  V  S  U  F  L  B  R  O  R  T  Q  U  V  U
N  S  Q  L  M  M  I  C  I  T  E  N  Ö  Y  J
P  O  F  İ  S  G  N  K  A  R  I  Y  E  R  J
F  D  D  M  K  E  D  I  Ş  V  E  R  E  N  E
E  J  F  O  B  L  I  D  Ü  K  K  A  N  T  I
I  H  Y  N  A  I  R  U  D  N  K  V  B  Y  N
J  C  I  O  Z  R  I  R  N  R  J  L  Z  L  R
B  G  P  K  F  İ  M  İ  R  İ  B  A  R  A  P
Q  Ü  D  E  M  A  L  L  Y  N  K  I  R  M  B
T  H  T  A  Q  F  B  H  F  Z  Â  V  R  A  D
T  I  E  Ç  P  I  S  R  D  S  R  V  V  L  P
T  H  K  Y  E  N  C  Ş  I  T  A  S  U  I  A
E  B  R  V  E  R  G  İ  U  K  P  G  Z  Y  R
U  M  I  R  I  T  A  Y  G  F  A  N  O  E  U
V  O  Ş  Ç  A  L  I  Ş  A  N  H  A  S  T  E
```

KARIYER	YÖNETICI
MALIYET	VERGİ
INDIRIM	YATIRIM
PARA	DÜKKAN
EKONOMİ	KÂR
ÇALIŞAN	MAL
IŞVEREN	PARA BİRİMİ
ŞIRKET	BÜTÇE
OFİS	GELIR
FABRIKA	SATIŞ

78 - Fazenda #2

```
S I Y D M H V R T C L J D N A
B A H Ç E M H I S S O L G U N
B U Ğ D A Y E Z B E S R Z Y Z
K Z G D R R V Y F R L A H O Ç
R U I F I U M T V O V L U K O
B K A L E D K Z U E B N L J B
T R A K T Ö R I H A T A M Y A
Y L T E A J T K M I J V C G N
R R G D S R V G I Ç A Y I R A
S Ü T R S U P L S T L A M A V
L U E Ö V P L A I F K H R S O
G Y P V F A C A R I P S L Y K
E V E D K C F T M Ç T F I J Q
Y T Q M G T A P K A C K F C F
J G O T D O I V Y Y E T R L J
```

ÇIFTÇI
HAYVANLAR
AHIR
ARPA
KOVAN
KUZU
MEYVE
SULAMA
SÜT
LAMA

OLGUN
MISIR
KOYUN
ÇOBAN
ÖRDEK
BAHÇE
ÇAYIR
TRAKTÖR
BUĞDAY
SEBZE

79 - Jardim

```
I  G  T  E  R  A  S  Ç  I  Ç  E  K  D  G  D
Ç  K  E  M  D  N  I  G  T  B  B  L  N  A  G
R  A  Ç  I  M  E  N  B  J  T  F  J  F  R  T
A  G  L  C  U  B  E  B  N  E  C  N  O  A  G
A  F  M  I  V  D  L  H  İ  T  S  T  T  J  B
I  V  Q  L  O  C  T  E  L  Ö  G  C  J  H  N
A  P  L  Z  Z  R  I  Ç  O  S  J  C  V  F  B
Z  B  B  Y  C  B  R  H  B  S  M  U  H  G  F
M  T  R  A  M  K  M  A  M  S  A  M  D  A  O
U  V  B  D  N  F  I  B  A  J  U  U  Ç  I  T
U  I  Y  N  H  K  K  A  R  P  O  T  N  S  Q
H  A  P  A  R  A  E  V  T  G  E  R  N  H  A
H  V  L  R  P  M  H  R  A  L  T  O  L  E  P
R  C  D  E  V  A  R  Y  Ü  C  S  H  T  Z  C
J  Q  P  V  B  H  F  L  K  K  A  Ğ  A  Ç  T
```

TIRMIK	GÖLET
ÇALI	HAMAK
AĞAÇ	HORTUM
BANK	KÜREK
ÇIT	TOPRAK
OTLAR	TERAS
ÇİÇEK	TRAMBOLİN
GARAJ	VERANDA
ÇİMEN	ASMA
BAHÇE	

80 - Política

```
A  P  O  L  İ  T  İ  K  A  C  I  V  G  N  E
K  K  A  D  A  Y  M  L  E  O  O  B  Ö  U  Ş
I  İ  T  Ö  Z  G  Ü  R  L  Ü  K  A  R  E  I
T  L  E  İ  U  L  U  S  A  L  L  Y  Ü  Y  T
I  R  M  G  V  S  E  Ç  I  M  E  N  Ş  Y  L
L  E  Ü  R  E  İ  N  R  D  K  C  A  Y  L  I
O  L  K  E  J  M  S  Y  N  S  O  P  L  Q  K
P  Ü  Ü  V  U  M  N  T  H  T  B  M  Q  A  I
I  P  H  K  O  N  S  E  Y  R  Q  A  İ  L  L
J  O  T  S  L  N  J  S  T  A  B  K  F  T  R
E  P  Q  R  P  U  V  M  M  T  J  K  U  O  E
J  S  P  N  J  Y  V  U  I  E  N  J  K  F  F
E  V  N  C  S  K  S  R  Z  J  K  N  S  Y  A
Y  G  S  S  A  N  C  P  V  İ  Q  M  A  A  Z
A  Q  G  M  H  K  S  N  E  T  İ  K  L  Q  F
```

AKTİVİST	EŞITLIK
KAMPANYA	VERGİ
ADAY	ÖZGÜRLÜK
KOMİTE	ULUSAL
KONSEY	GÖRÜŞ
SEÇIM	POLITIKA
STRATEJİ	POLİTİKACI
ETİK	POPÜLERLİK
HÜKÜMET	ZAFER

81 - Oceano

```
K A P L U M B A Ğ A Y U G Q D
C B U S G H K L V N I J V Q H
O R A H K E I J L I L M E F J
Y E N G E Ç L R A L A G L A D
A G I Y H O A G H A N R H N U
O N T O O P B P İ B B H S B H
L Ü R U B S C H S T A D Y C V
J S I H T A U Z L O L K K D A
J J F J Q A N N P B I L H N G
K A R İ D E S R D R Ğ E Q B O
A H T A P O T K M E I O Z M Y
Q P M E R C A N C S U N U Y H
B I F C M U E Y D İ R İ T S İ
F D C D H B H P K F A I Y M B
D E N İ Z A N A S I M J K Y Z
```

YOSUN
BALINA
BOT
KARİDES
YENGEÇ
MERCAN
YILAN BALIĞI
SÜNGER
YUNUS
GELGİT

DENİZANASI
DALGALAR
İSTİRİDYE
BALIK
AHTAPOT
RESİF
TUZ
KAPLUMBAĞA
FIRTINA

82 - Profissões #1

```
J F N M P S P D A V U K A T H
B I Ç T A S I S E T D K A K A
C A Y B G U Z G C N N H V A R
G E N D T H P O M U İ T C M I
G F İ K B Q H P A S E Z I B T
O V Ç E A S B E F H S H C H A
L F L J Y C T E R Z I D T İ C
O A E O J T I Ç T A N A S H I
K D K A S T R O N O M D İ E T
İ U Ü E D İ T Ö R O Y A N M R
S J Y M Ü Z İ S Y E N N A Ş D
P L Ü U J E O L O G Q S Y I G
J I B G M N P V Z H Z Ç İ R J
J J B P L C J P Y D K I P E Q
T S G F T G U F F R K U Z F R
```

AVUKAT
TERZI
SANATÇI
ASTRONOM
BANKACI
AVCI
HARITACI
DANSÇI
EDİTÖR

BÜYÜKELÇİ
TESISATÇI
HEMŞIRE
JEOLOG
KUYUMCU
DENİZCİ
MÜZİSYEN
PİYANİST
PSİKOLOG

83 - Força e Gravidade

```
F  I  Ş  E  K  G  S  Q  R  N  Z  M  H  L  G
L  İ  S  Ü  R  T  Ü  N  M  E  S  E  A  E  E
I  U  Z  J  G  R  K  Z  Z  P  L  K  R  S  Z
B  K  I  İ  Z  E  K  R  E  M  U  A  E  N  E
E  Ü  I  O  K  L  S  N  Z  Q  F  N  K  E  G
A  Z  Y  Y  K  K  B  I  N  C  B  İ  E  R  E
E  Q  Ç  Ü  D  İ  N  A  M  İ  K  K  T  V  N
M  N  N  F  K  L  H  I  Z  K  I  Q  F  E  L
E  E  I  U  O  L  L  A  B  K  L  T  G  K  E
L  G  S  T  J  E  Ü  F  H  Y  R  H  O  S  R
Ş  N  A  A  J  Z  I  K  Z  O  I  S  C  E  S
I  Ü  B  Z  F  Ö  S  L  R  T  Ğ  U  L  N  I
N  R  F  I  M  E  F  Q  U  Q  A  F  N  H  J
E  Ö  J  M  M  A  N  Y  E  T  İ  Z  M  A  V
G  Y  H  Z  T  K  J  Z  A  M  A  N  K  Z  J
```

SÜRTÜNME
MERKEZ
KEŞIF
DİNAMİK
MESAFE
EKSEN
GENİŞLEME
FİZİK
MANYETİZMA
BÜYÜKLÜK

MEKANİK
HAREKET
YÖRÜNGE
AĞIRLIK
GEZEGENLER
BASINÇ
ÖZELLİKLER
HIZ
ZAMAN
EVRENSEL

84 - Abelhas

```
J  M  O  G  Ü  N  E  Ş  Q  F  K  D  O  R  P
R  A  R  P  P  C  P  Q  V  A  O  Y  F  Ç  F
R  C  E  V  K  K  E  Ç  İ  Ç  G  B  R  E  K
B  A  L  V  J  Z  O  M  N  C  K  A  M  Ş  L
T  S  K  Z  K  C  A  V  O  E  U  L  R  İ  D
Q  N  E  Q  R  M  Y  P  A  T  N  M  M  T  M
U  K  Ç  N  A  M  U  D  F  N  Q  U  I  L  M
S  E  İ  E  L  V  N  E  A  A  Z  M  Q  I  M
C  C  Ç  L  I  O  J  P  N  K  Y  U  C  L  C
B  Ö  N  O  Ç  U  S  R  İ  V  H  D  D  I  Q
Y  B  S  P  E  F  Q  S  Ü  R  Ü  F  A  K  V
H  O  A  E  K  O  S  İ  S  T  E  M  R  L  G
M  Q  U  H  M  E  Y  V  E  B  B  C  O  Y  I
Y  A  Z  K  Ç  K  A  N  A  T  L  A  R  O  L
O  P  Y  M  R  E  L  İ  K  T  İ  B  F  H  Q
```

KANATLAR	MEYVE
FAYDALI	DUMAN
BALMUMU	BÖCEK
KOVAN	BAHÇE
ÇEŞİTLİLİK	BAL
EKOSİSTEM	BİTKİLER
SÜRÜ	POLEN
ÇİÇEK	KRALİÇE
ÇİÇEKLER	GÜNEŞ

85 - Ciência

```
C  D  Z  M  M  B  İ  T  K  İ  L  E  R  G  I
G  I  A  I  Y  O  Z  D  R  M  İ  B  G  Ö  K
A  J  G  R  R  A  L  H  L  S  S  O  O  Z  L
F  G  G  E  A  Y  T  E  V  R  O  E  C  L  I
H  H  C  V  L  V  M  O  K  D  F  S  B  E  M
B  U  K  T  K  P  U  S  M  Ü  B  E  T  M  İ
E  N  A  H  I  L  C  T  D  P  L  Z  U  V  M
U  J  M  Y  C  I  N  I  A  Ğ  O  D  V  K  İ
C  O  Z  N  A  Y  S  O  S  R  F  İ  Z  İ  K
S  A  İ  M  Ç  N  M  H  I  P  O  T  E  Z  E
M  İ  N  E  R  A  L  L  E  R  R  B  P  M  Ç
I  H  A  T  A  G  E  R  Ç  E  K  C  A  T  R
R  U  G  N  P  K  I  M  Y  A  S  A  L  L  E
V  O  R  Ö  U  A  M  L  G  B  R  U  I  M  Y
E  T  O  Y  E  N  E  D  I  L  V  Y  F  D  O
```

ATOM	LABORATUVAR
IKLIM	YÖNTEM
VERI	MİNERALLER
EVRIM	MOLEKÜL
DENEY	DOĞA
GERÇEK	GÖZLEM
FİZİK	ORGANİZMA
FOSİL	PARÇACIKLAR
YERÇEKİMİ	BİTKİLER
HIPOTEZ	KIMYASAL

86 - Comida #1

```
Ç  J  Y  L  Q  Y  T  I  M  O  H  C  Ş  E  A
B  O  C  K  B  H  L  S  Ü  T  J  R  E  Q  L
S  C  R  Y  F  M  U  I  R  Q  D  B  K  J  E
T  U  Z  B  P  L  P  Y  Q  Y  H  P  E  Z  Q
D  L  I  R  A  L  H  A  V  U  Ç  L  R  H  J
M  M  O  D  L  J  U  K  A  S  M  I  R  A  S
U  L  Z  B  M  C  T  A  R  Ç  I  N  M  O  K
R  D  B  Y  H  V  E  T  V  V  D  O  Z  Y  U
N  C  M  U  K  P  Y  A  Y  U  F  M  D  I  P
A  R  P  A  F  G  H  L  I  E  Ç  İ  L  E  K
B  K  E  K  P  F  B  A  Q  Q  G  L  N  E  I
M  A  G  L  A  Ş  K  S  K  D  S  J  K  S  T
A  K  L  F  E  S  L  E  Ğ  E  N  A  Ğ  O  S
T  Y  B  I  M  E  Y  V  E  S  U  Y  U  U  I
J  Y  C  H  K  A  N  A  P  S  I  U  A  U  F
```

ŞEKER	ISPANAK
SARIMSAK	SÜT
FISTIK	LİMON
BALIK	FESLEĞEN
KEK	ÇİLEK
TARÇIN	ŞALGAM
SOĞAN	TUZ
HAVUÇ	SALATA
ARPA	ÇORBA
KAYISI	MEYVE SUYU

87 - Geometria

```
D  P  S  İ  M  E  T  R  İ  U  F  J  J  H  J
Y  A  U  Z  O  E  R  M  C  T  N  Y  N  E  D
Ü  Ç  I  Ü  Ç  G  E  N  A  R  O  K  M  S  E
K  R  İ  R  O  E  T  Y  A  A  Ç  I  R  A  N
S  V  M  K  E  S  H  N  F  Y  Q  A  V  P  K
E  T  L  Y  A  T  A  Y  K  R  D  E  G  L  L
K  K  O  Ş  U  T  L  M  I  I  L  E  P  A  E
L  C  R  Z  P  I  E  Z  T  S  T  N  M  M  M
I  L  D  H  K  R  M  D  N  I  Z  L  B  A  E
K  M  P  K  O  V  P  T  A  P  H  P  E  R  Ğ
Q  Z  H  T  B  Ö  L  Ü  M  B  D  Q  Y  Q  R
D  I  K  E  Y  L  E  G  T  O  R  D  D  N  I
K  K  V  O  Y  I  U  P  A  Y  H  H  U  A  D
G  T  T  A  D  O  Q  J  G  U  M  M  I  R  S
Y  Ü  Z  E  Y  Y  V  U  V  T  O  F  A  M  B
```

YÜKSEKLIK	KITLE
AÇI	MEDYAN
HESAPLAMA	KOŞUT
DAIRE	ORAN
EĞRI	BÖLÜM
ÇAP	SİMETRİ
BOYUT	YÜZEY
DENKLEM	TEORİ
YATAY	ÜÇGEN
MANTIK	DIKEY

88 - Pássaros

```
T  G  I  D  S  E  R  Ç  E  B  M  J  E  B  F
B  A  G  R  A  K  Z  C  D  Q  Y  Z  N  L  U
J  A  V  E  P  A  P  A  Ğ  A  N  A  K  U  T
E  Q  L  U  Y  Z  L  A  M  S  V  G  A  M  I
P  I  A  I  K  P  E  N  G  U  E  N  F  L  A
E  E  T  C  K  E  F  A  B  V  N  P  D  V  E
L  P  R  K  Z  Ç  J  S  H  A  A  Z  J  Y  O
İ  K  U  Ğ  U  K  I  M  H  T  A  O  F  I  M
K  U  M  Ş  E  G  V  L  A  T  R  A  K  F  A
A  G  U  F  U  M  H  L  Z  V  V  I  D  A  R
N  U  Y  S  S  K  F  L  A  M  İ  N  G  O  T
F  G  J  T  K  T  E  G  K  E  L  Y  E  L  I
Z  B  Q  B  U  D  U  V  J  K  A  J  O  O  S
M  K  N  M  N  I  C  R  E  V  Ü  G  O  M  Z
I  G  M  R  P  Y  H  K  E  D  R  Ö  N  F  J
```

DEVEKUŞU
KARTAL
LEYLEK
KUĞU
KARGA
GUGUK
FLAMİNGO
TAVUK
MARTI
KAZ

BALIKÇIL
YUMURTA
PAPAĞAN
SERÇE
ÖRDEK
TAVUS
PELİKAN
PENGUEN
GÜVERCIN
TUKAN

89 - Literatura

```
L  R  A  Z  A  Y  S  Z  Ş  M  I  N  A  T  N
L  G  O  L  A  Y  İ  D  I  E  D  J  Q  I  V
D  L  P  M  L  U  Z  Y  I  C  O  Y  Q  H  S
Y  F  P  G  A  R  T  M  R  A  O  R  S  Z  J
İ  J  O  L  A  N  A  T  G  Z  I  L  A  N  A
F  T  S  R  G  I  N  K  A  F  I  Y  E  Y  D
A  Y  O  İ  Ö  L  E  J  T  B  O  T  A  R  Z
R  D  N  T  R  R  K  Z  P  E  T  I  K  K  B
G  V  U  İ  Ü  F  D  V  K  A  M  E  U  I  T
O  Z  Ç  M  Ş  C  O  İ  D  E  J  A  R  T  Q
Y  H  V  I  C  I  T  A  L  N  A  I  G  Y  S
İ  F  H  H  Y  F  O  P  R  C  E  H  U  L  B
B  K  A  R  Ş  I  L  A  Ş  T  I  R  M  A  F
T  A  S  C  H  V  Q  Z  K  R  H  R  L  U  Q
Z  L  J  T  L  L  R  G  H  C  L  D  C  P  Z
```

ANALOJİ	KURGU
ANALIZ	MECAZ
ANEKDOT	ANLATICI
YAZAR	GÖRÜŞ
BİYOGRAFİ	ŞIIR
KARŞILAŞTIRMA	KAFIYE
SONUÇ	RİTİM
TANIM	ROMAN
DİYALOG	TEMA
TARZ	TRAJEDİ

90 - Química

```
E L E M E N T L E R B B I U K
C Ü E L U I O O N P U N U K D
N K I Q Q C C Y V K I P H S K
P E H T Z M F B İ U I F R L K
J L O R G A N İ K G D M C O R
Y O M V Z O B C Z D A V J H Y
K M B İ T U Z A G S U E F E G
A D Z Z C R S I C A K L I K
T İ S A I N E J O R D İ H D K
A N O R T K E L E K H F P D A
L R D T Q C L V G I S I N Y R
İ N J A O N K S I V I İ G O B
Z V D B M S Ü R K L O R J B O
Ö H Z N Y K N A K K A P L E N
R C K I L R I Ğ A L K A L İ N
```

ALKALİ	HİDROJEN
ASİT	İYON
ISI	SIVI
KARBON	MOLEKÜL
KATALİZÖR	NÜKLEER
KLOR	ORGANİK
ELEMENTLER	OKSİJEN
ELEKTRON	AĞIRLIK
ENZİM	TUZ
GAZ	SICAKLIK

91 - Clima

```
J  S  V  A  H  S  A  Q  G  I  M  D  Z  U  M
G  V  İ  Z  I  F  L  R  Ö  K  J  R  I  J  T
B  Ö  F  S  Ü  Z  Ü  Y  K  Ö  G  T  R  F  Q
L  Y  K  İ  P  O  R  T  K  N  A  Q  U  P  V
D  B  M  G  Y  Y  S  L  U  L  T  U  L  U  B
F  U  H  C  Ü  J  Y  M  Ş  K  A  T  G  T  K
I  L  R  C  I  R  D  D  A  K  U  I  F  U  U
R  U  M  G  M  R  Ü  B  Ğ  R  S  R  F  K  R
T  T  M  I  R  I  D  L  I  Y  T  Z  U  J  A
I  T  N  I  S  E  U  Q  T  I  K  L  I  M  K
N  A  T  M  O  S  F  E  R  Ü  V  C  O  K  L
A  T  E  Y  I  D  G  R  N  O  S  U  M  B  I
S  I  C  A  K  L  I  K  U  K  K  Ü  B  U  K
F  L  K  A  S  I  R  G  A  L  I  D  U  Z  A
R  Ü  Z  G  Â  R  N  K  J  J  Y  N  T  E  R
```

GÖKKUŞAĞI	KUTUP
ATMOSFER	YILDIRIM
ESINTI	KURAKLIK
GÖKYÜZÜ	KURU
IKLIM	SICAKLIK
BUZ	FIRTINA
MUSON	KASIRGA
SIS	TROPİK
BULUTLU	GÖK GÜRÜLTÜSÜ
BULUT	RÜZGÂR

92 - Tecnologia

```
Q  B  G  O  L  Y  N  M  U  U  B  Z  B  S  V
Q  C  O  H  C  D  A  Y  S  O  D  D  B  B  E
İ  M  L  E  Ç  C  İ  Z  F  K  Q  H  Y  Y  R
Q  F  B  B  N  N  E  J  I  S  H  O  A  F  I
G  Ü  V  E  N  L  I  K  İ  L  R  J  R  K  S
M  E  S  A  J  B  D  B  V  T  I  Q  A  A  A
T  M  P  Q  V  S  P  A  H  Y  A  M  Ş  M  N
E  T  A  R  A  Y  I  C  I  A  V  L  T  E  A
N  K  Y  N  O  N  J  I  G  B  İ  V  I  R  L
R  V  R  M  Z  V  T  N  S  A  R  P  R  A  V
E  G  R  A  B  Q  K  E  U  K  Ü  H  M  N  S
T  E  I  D  N  D  H  T  C  U  S  Y  A  U  M
N  İ  S  T  A  T  İ  S  T  İ  K  L  F  N  P
İ  U  Q  G  F  J  Q  G  M  S  I  E  S  S  L
C  B  I  L  G  I  S  A  Y  A  R  Z  Z  N  F
```

DOSYA	İNTERNET
BLOG	MESAJ
BAYT	TARAYICI
KAMERA	ARAŞTIRMA
BILGISAYAR	GÜVENLIK
İMLEÇ	YAZILIM
VERI	EKRAN
DİJİTAL	SANAL
İSTATİSTİK	VİRÜS

93 - Diplomacia

```
I  H  M  L  T  T  Q  B  L  D  K  V  N  T  İ
H  K  Ü  A  Z  O  C  J  N  İ  A  A  J  A  Ş
S  I  Z  K  Z  N  S  M  Z  P  M  T  N  R  B
İ  L  Ö  A  Ü  T  A  G  D  L  P  A  O  T  İ
Ç  N  Ç  M  V  M  M  T  İ  O  A  N  M  I  R
L  E  S  Ş  S  K  E  Q  L  M  N  D  V  Ş  L
E  V  T  A  M  İ  M  T  L  A  Y  A  E  M  İ
K  Ü  O  L  N  L  Ş  A  E  T  A  Ş  T  A  Ğ
Ü  G  R  T  P  İ  I  D  R  İ  U  L  İ  D  İ
Y  R  P  N  N  Ç  K  A  U  K  G  A  K  E  K
Ü  G  R  A  A  L  E  L  K  Z  D  R  K  C  A
B  A  K  T  J  E  Ç  E  S  M  O  C  D  O  I
F  E  Y  Q  B  H  F  T  S  İ  Y  A  S  E  T
B  Ü  T  Ü  N  L  Ü  K  U  L  U  L  P  O  T
F  I  A  D  A  N  I  Ş  M  A  N  N  V  U  B
```

KAMPANYA	ETİK
VATANDAŞLAR	HÜKÜMET
TOPLULUK	İNSANİ
ÇEKIŞME	BÜTÜNLÜK
DANIŞMAN	ADALET
İŞBİRLİĞİ	DİLLER
DİPLOMATİK	SİYASET
TARTIŞMA	GÜVENLIK
ELÇİLİK	ÇÖZÜM
BÜYÜKELÇİ	ANTLAŞMA

94 - Esportes

```
F  S  İ  N  E  T  M  L  Z  Q  T  L  O  L  F
N  A  N  A  Z  A  K  Z  T  G  Ç  J  R  O  N
H  L  O  B  T  E  K  S  A  B  O  P  G  D  R
H  O  K  O  R  Z  B  F  D  R  K  L  A  B  G
U  N  U  D  G  J  T  O  S  T  Z  R  F  I  L
T  E  L  T  A  E  U  Y  T  T  L  N  V  V  Z
B  E  Y  Z  B  O  L  U  C  E  A  O  K  E  Z
N  T  K  D  U  T  T  N  F  Y  E  D  M  U  T
O  B  C  E  E  F  U  C  A  T  I  L  Y  U  C
Y  T  S  R  R  M  E  U  F  U  K  I  E  U  S
U  A  L  Q  B  A  T  A  K  I  M  E  K  P  M
N  L  O  Z  D  G  H  F  S  B  S  O  O  Q  D
Ş  A  M  P  İ  Y  O  N  I  J  I  R  H  C  S
J  İ  M  N  A  S  T  İ  K  H  A  K  E  M  N
B  I  S  I  K  L  E  T  Y  H  G  O  D  D  V
```

ATLET	SALON
HAKEM	JİMNASTİK
BASKETBOL	GOLF
BEYZBOL	HOKEY
BISIKLET	OYUNCU
ŞAMPİYON	OYUN
TAKIM	HAREKET
STADYUM	TENİS
KAZANAN	KOÇ

95 - Comida # 2

```
B  M  V  B  L  U  Z  U  M  Y  Ç  Y  H  Z  Q
Y  R  Q  B  V  J  A  M  B  O  N  H  D  E  Q
U  G  O  B  M  N  R  E  G  A  I  Ç  C  L  G
M  Z  H  K  A  V  I  D  M  J  R  İ  A  V  M
U  J  M  L  O  L  K  A  A  L  I  K  K  A  Y
R  K  Q  G  Z  L  I  B  N  H  P  O  E  G  C
T  R  U  Ğ  O  Y  İ  K  T  J  K  L  N  U  O
A  D  O  M  A  T  E  S  A  C  U  A  G  Z  R
P  A  T  L  I  C  A  N  R  H  V  T  İ  D  I
E  S  T  B  P  Z  B  E  L  M  A  A  N  V  C
Z  F  H  I  J  E  M  A  T  J  T  B  A  E  N
Q  V  A  B  V  J  Y  A  D  Ğ  U  B  R  A  D
V  V  C  D  N  I  P  N  V  Q  N  L  D  Z  T
Q  J  V  E  A  L  I  U  I  K  İ  V  İ  G  F
Ü  Z  Ü  M  B  K  O  A  S  R  B  N  J  D  I
```

ENGİNAR	YOĞURT
BADEM	KİVİ
PIRINÇ	ELMA
MUZ	YUMURTA
PATLICAN	BALIK
BROKOLİ	JAMBON
KIRAZ	PEYNIR
ÇİKOLATA	DOMATES
MANTAR	BUĞDAY
TAVUK	ÜZÜM

96 - Universo

```
A  F  D  R  L  G  Z  A  V  G  G  Ü  N  E  Ş
Q  S  Q  S  K  B  E  Q  I  R  J  Z  Q  G  J
E  I  T  G  Ö  R  Ü  N  Ü  R  C  G  C  N  I
G  B  M  R  O  T  A  V  K  E  Y  Q  F  Ü  N
P  H  U  P  O  K  S  E  L  E  T  S  I  R  E
R  J  L  E  N  N  B  O  Y  L  A  M  D  Ö  A
G  Q  E  Ğ  S  M  O  N  O  R  T  S  A  Y  R
Z  Ö  S  M  I  E  Ü  M  Ü  N  Ö  D  N  Ü  G
G  L  K  E  D  L  R  G  İ  S  C  H  K  Z  Q
K  N  Ö  A  P  N  S  H  U  O  R  M  O  Ü  V
J  P  G  G  D  E  K  S  U  F  I  Q  Z  Y  H
T  H  J  R  M  A  A  J  S  Z  U  N  M  K  N
Y  A  R  I  M  K  Ü  R  E  D  J  K  İ  Ö  J
Q  A  Y  A  T  M  O  S  F  E  R  S  K  G  D
H  T  I  U  Z  O  Z  O  D  Y  A  K  H  M  L
```

ASTRONOMİ	EĞME
ASTRONOM	ENLEM
ATMOSFER	BOYLAM
GÖKSEL	AY
GÖKYÜZÜ	YÖRÜNGE
KOZMİK	GÜNEŞ
EKVATOR	GÜNDÖNÜMÜ
GÖKADA	TELESKOP
YARIMKÜRE	GÖRÜNÜR
UFUK	ZODYAK

97 - Jazz

```
D T Ü M Ü Z I K J O D K V T T
E B F N N Q Y E N I N O U E V
E D A H L I J L B A F N R K L
A Ş A Y U Ü Q R D P T S G N K
K G M V S A N A T Ç I E U İ R
U C A Q U Ş A R K I H R K K K
R M L E H L B E S T E C I Z E
R V Ç E K O M P O Z I S Y O N
U E A T E J F L L H U H O J E
J D Ğ K O R K E S T R A U U T
Y H O İ S A J B H L M H G G E
K Y D L Z K L T A R Z O I B Y
Y E Y E Y Y B B B V H Q V K C
D U B R T Ü R Z Ü A L L I J H
Q M J I R R F O Q M İ T I R Y
```

SANATÇI	TÜR
ALBÜM	DOĞAÇLAMA
DAVUL	ETKİLER
ŞARKI	MÜZIK
KOMPOZISYON	YENI
BESTECI	ORKESTRA
KONSER	RİTİM
TARZ	YETENEK
VURGU	TEKNİK
ÜNLÜ	YAŞ

98 - Barcos

```
D  E  N  İ  Z  C  İ  D  A  L  G  A  L  A  R
S  T  N  E  C  Q  I  V  I  V  Z  J  J  Y  H
Ç  Q  N  C  J  P  F  Z  V  B  D  E  N  İ  Z
L  A  S  D  G  H  D  P  I  P  M  V  M  Q  İ
C  C  P  S  E  O  K  Y  A  N  U  S  G  Ö  L
K  K  D  A  L  N  E  Y  R  J  E  G  H  R  N
J  A  J  E  G  A  R  H  I  T  R  D  V  Q  E
F  J  V  Y  I  K  İ  J  D  E  B  G  L  P  K
U  E  R  A  T  R  D  E  N  K  E  B  P  O  L
L  V  R  O  T  O  M  F  A  A  D  R  E  D  E
B  B  I  İ  C  E  Z  A  M  P  K  O  L  R  Y
G  D  H  I  B  K  F  O  A  M  S  R  B  F  G
Q  V  E  Z  H  O  U  Z  Ş  T  T  C  B  Q  A
S  G  N  L  D  D  T  A  Y  D  A  T  V  N  H
M  Ü  R  E  T  T  E  B  A  T  V  S  T  G  Y
```

ÇAPA	GELGIT
FERİBOT	DENİZCİ
ŞAMANDIRA	DİREK
KANO	MOTOR
IP	DENİZ
DOK	OKYANUS
YAT	DALGALAR
SAL	NEHIR
GÖL	MÜRETTEBAT
DENIZ	YELKENLİ

99 - Mamíferos

```
V  Z  K  V  T  H  F  F  Z  T  T  T  S  B  Q
O  U  L  H  V  M  I  U  J  D  N  K  B  U  V
K  U  N  D  U  Z  L  F  L  H  T  E  R  I  Z
O  P  H  B  I  G  B  B  R  V  Q  D  Q  O  R
T  H  C  Y  H  P  R  I  Z  E  Y  İ  I  B  R
R  I  A  S  U  R  A  H  H  H  S  S  J  J  T
U  D  E  V  E  N  M  A  Y  M  U  N  P  K  O
K  T  B  R  K  L  U  I  K  H  T  A  H  O  G
A  Ğ  O  B  Q  Ö  Z  S  Q  A  Q  Ş  Ç  Y  O
N  N  J  T  Q  M  P  P  B  E  A  V  A  U  R
G  A  F  A  R  Ü  Z  E  T  M  M  A  K  N  İ
U  R  L  G  A  S  F  İ  K  L  İ  T  A  F  L
R  B  V  S  V  J  C  O  J  V  Q  S  L  Z  J
U  E  O  R  A  N  I  L  A  B  E  H  H  H  G
N  Z  F  J  G  Q  K  G  D  P  M  S  V  H  H
```

BALINA	ZÜRAFA
DEVE	YUNUS
KANGURU	GORİL
KUNDUZ	ASLAN
AT	KURT
KÖPEK	MAYMUN
TAVŞAN	KOYUN
ÇAKAL	TİLKİ
FIL	BOĞA
KEDİ	ZEBRA

100 - Atividades e Lazer

```
B  İ  B  K  B  O  Y  A  M  A  S  H  J  Q  J
T  A  N  A  S  İ  N  E  T  I  P  V  L  Z  H
J  Q  L  G  M  E  Q  Q  Ş  Q  F  O  R  A  D
H  B  K  I  L  N  A  V  I  Ç  H  A  B  H  L
O  R  E  Y  K  F  Q  Y  L  B  O  K  S  M  B
B  A  M  Y  Ü  Ç  Q  R  A  T  N  A  M  Q  Z
İ  H  T  V  Z  R  I  K  D  F  U  T  B  O  L
L  A  E  O  Y  B  Ü  L  S  P  F  H  V  D  O
E  T  T  L  Ü  I  O  Y  I  J  L  J  I  T  B
R  L  A  E  Z  O  C  L  Ü  K  R  J  H  N  T
M  A  H  Y  M  L  C  Y  Z  Ş  M  Y  H  B  E
G  T  A  B  E  S  Ö  R  F  N  E  J  A  V  K
G  I  Y  O  N  R  I  Y  L  S  M  Z  G  L  S
S  C  E  L  I  N  S  I  O  U  D  Y  F  C  A
R  I  S  P  K  R  B  R  G  R  J  H  L  P  B
```

SANAT	DALIŞ
BASKETBOL	YÜZME
BEYZBOL	BALIKÇILIK
BOKS	BOYAMA
YÜRÜYÜŞ	RAHATLATICI
FUTBOL	SÖRF
GOLF	TENİS
HOBİLER	SEYAHAT ETMEK
BAHÇIVANLIK	VOLEYBOL

1 - Dirigindo

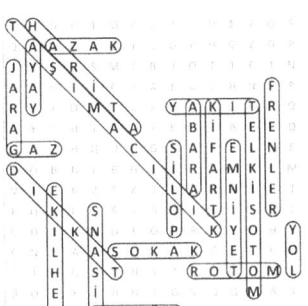

2 - Antiguidades

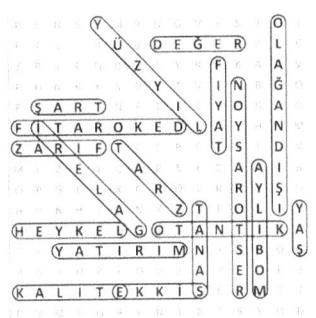

3 - Churrascos

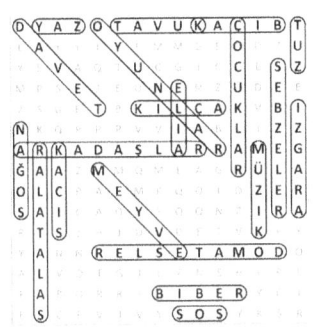

4 - Geologia

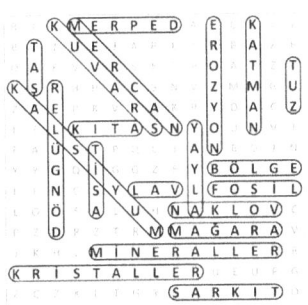

5 - Ética

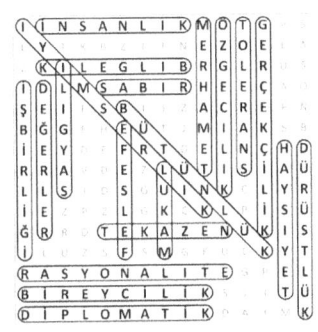

6 - Tempo

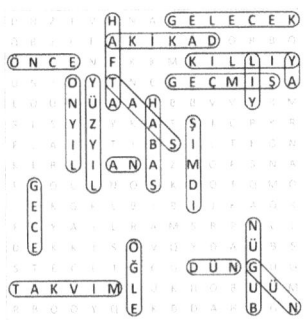

7 - Astronomia

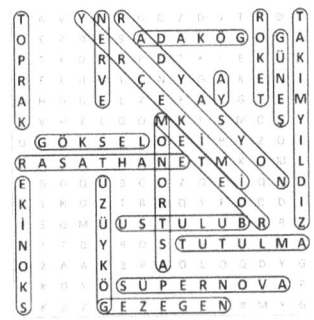

8 - Acampamento

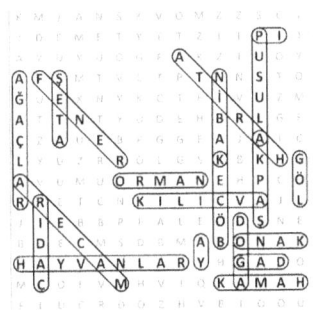

9 - Emoções

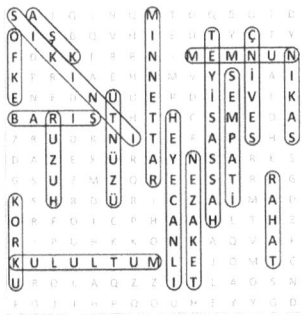

10 - Ficção Científica

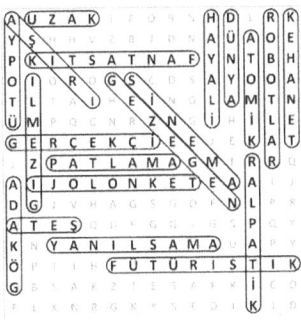

11 - Mitologia

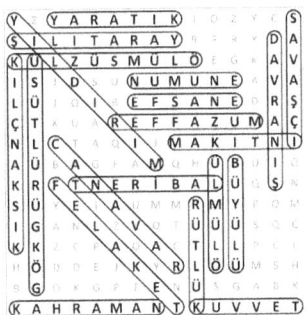

12 - Medições

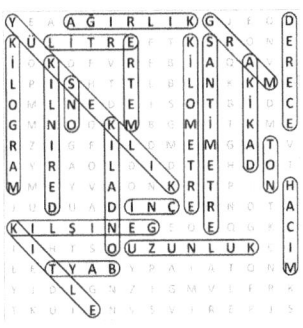

13 - Álgebra

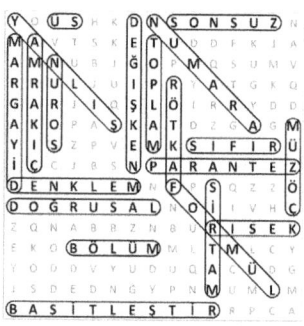

14 - Plantas

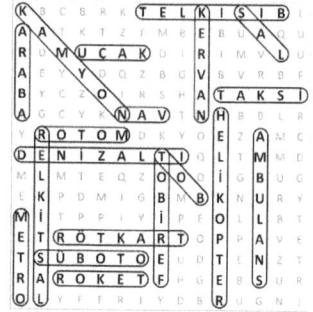

15 - Veículos

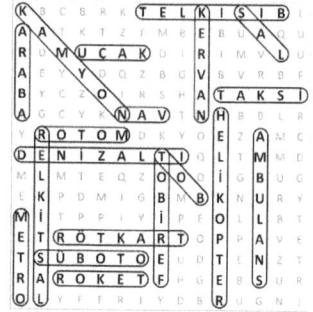

16 - Engenharia

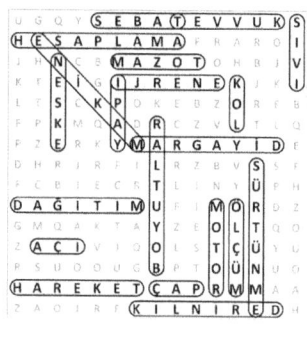

17 - Restaurante # 2

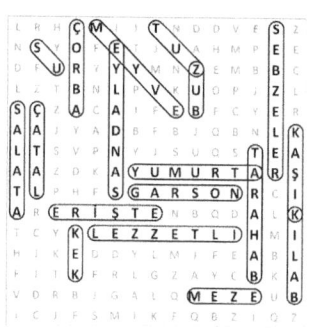

18 - Países #2

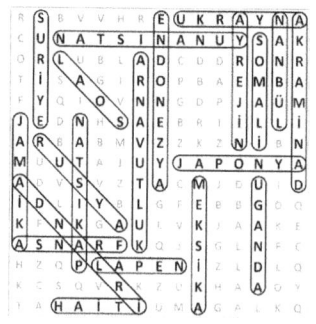

19 - Cozinha

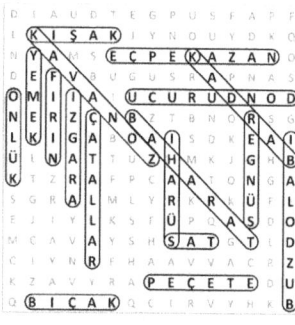

20 - Material de Arte

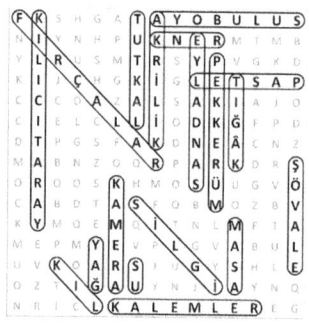

21 - Números

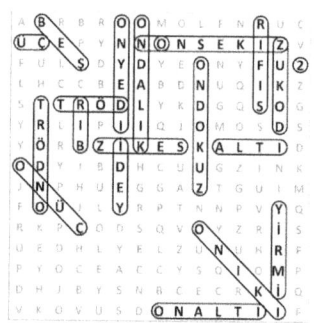

22 - Física

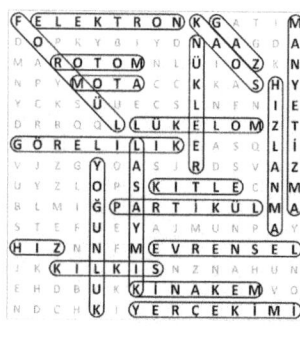

23 - Especiarias

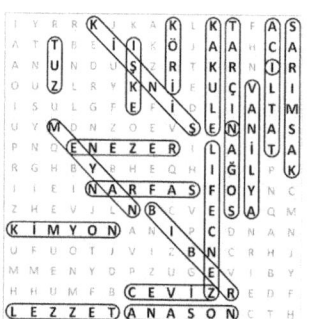

24 - Países #1

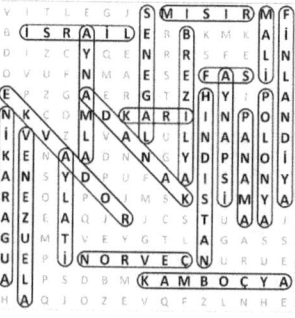

25 - Casa

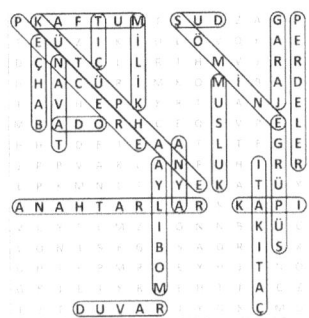

26 - Vegetais

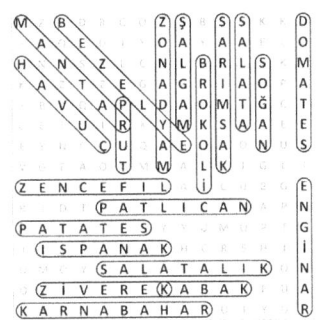

27 - Balé

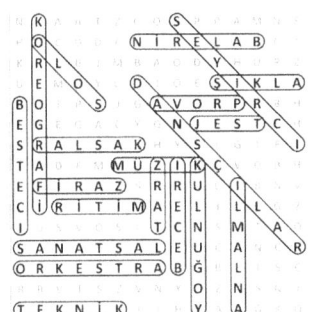

28 - Adjetivos #1

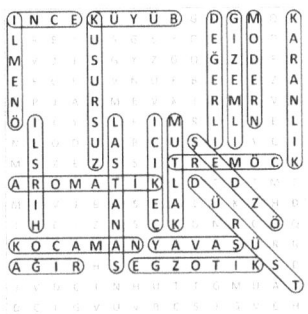

29 - Psicologia

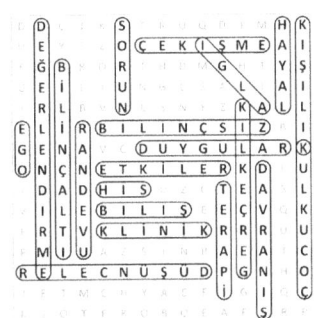

30 - Paisagens

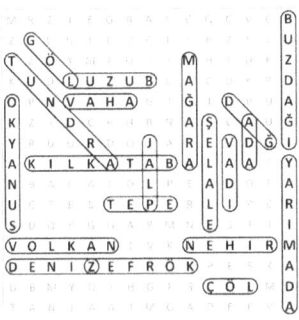

31 - Dança

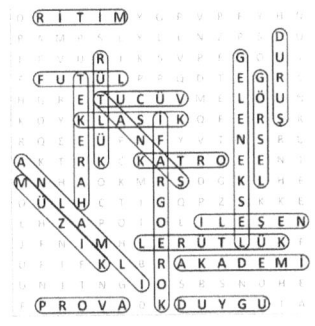

32 - Nutrição

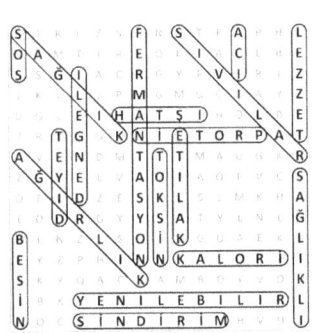

33 - Energia

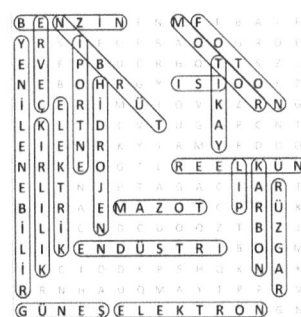

34 - Disciplinas Científicas

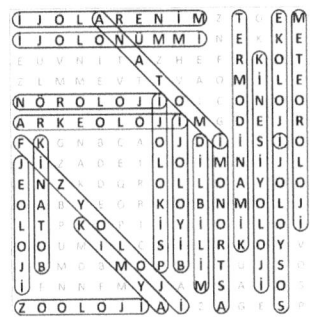

35 - Meditação

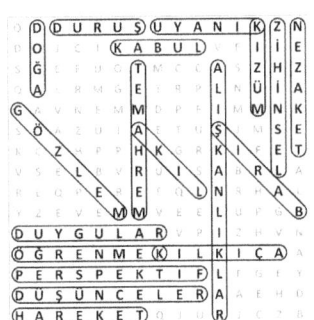

36 - Moda

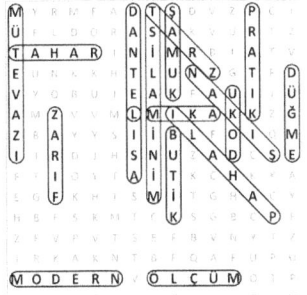

37 - Instrumentos Musicais

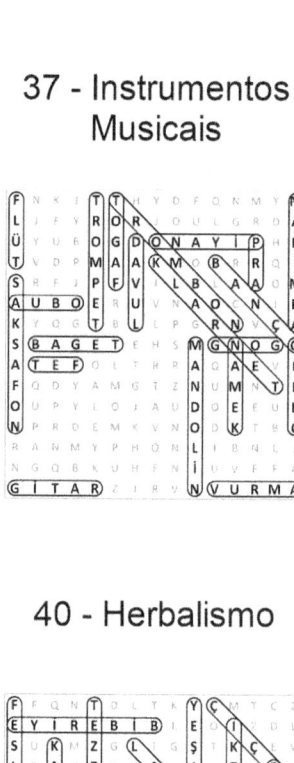

38 - Adjetivos #2

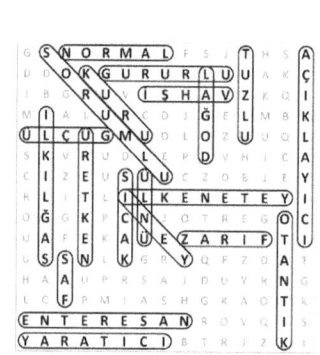

39 - Roupas

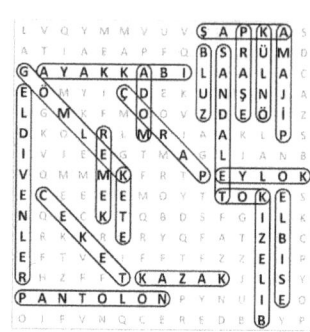

40 - Herbalismo

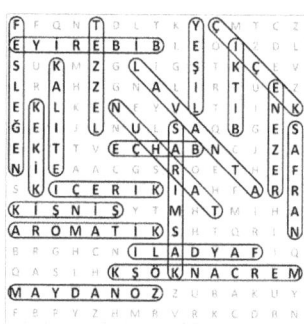

41 - Arqueologia

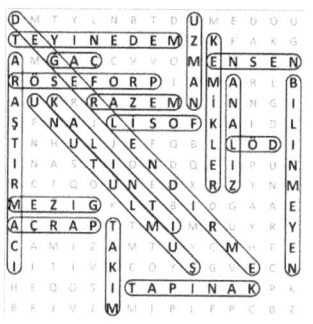

42 - Agronomia

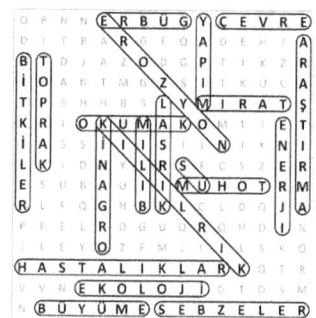

43 - Frutas

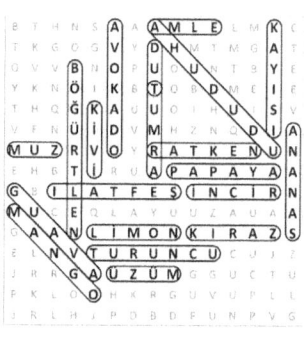

44 - Corpo Humano

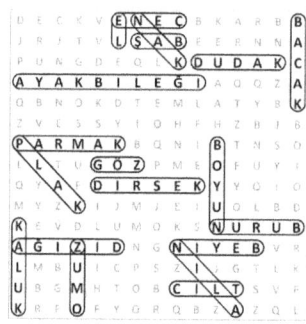

45 - Caminhada

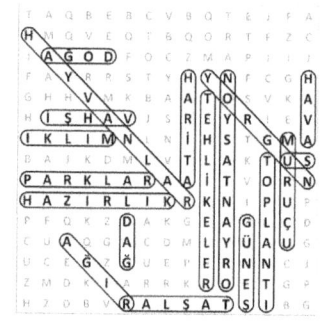

46 - Biologia

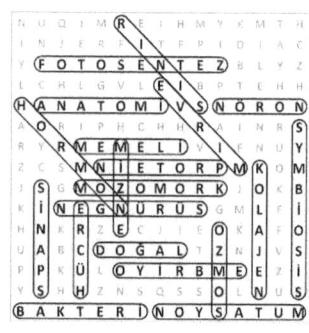

47 - Beleza

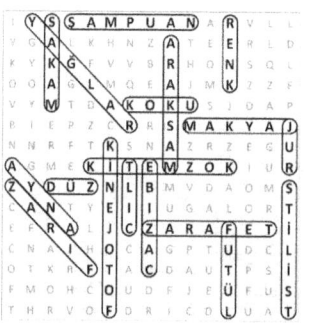

48 - Água

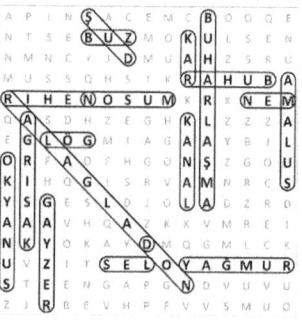

49 - Ecologia

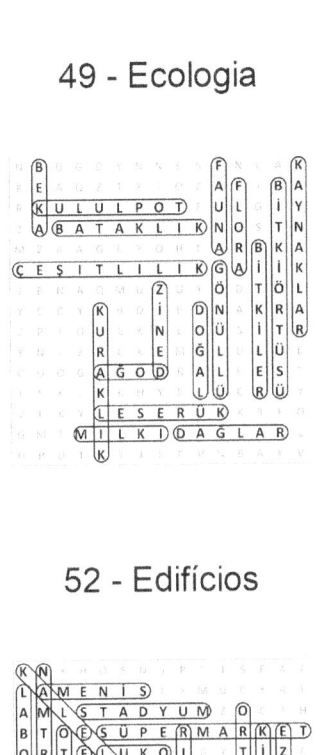

50 - Família

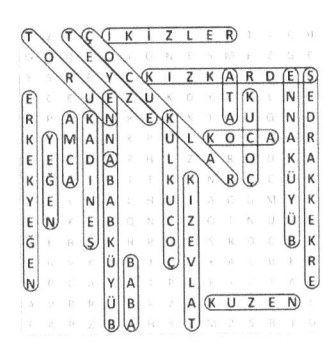

51 - Férias #2

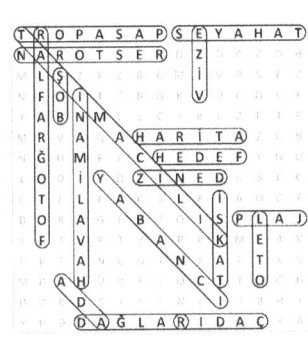

52 - Edifícios

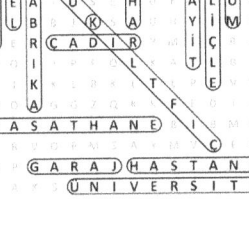

53 - Xadrez

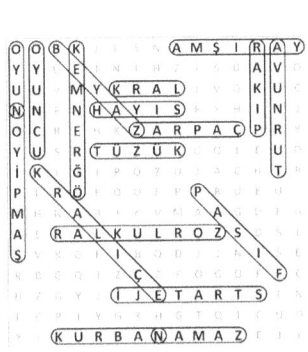

54 - Aventura

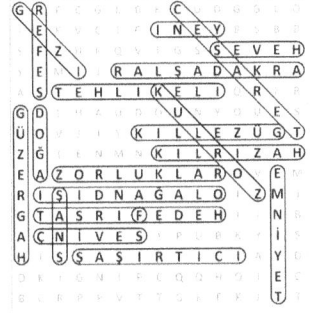

55 - Cidade

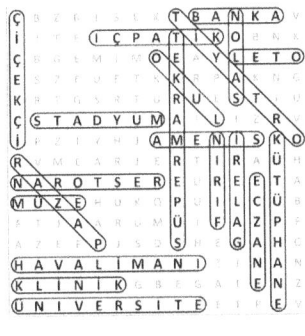

56 - Música

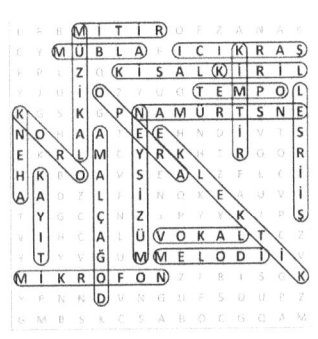

57 - Matemática

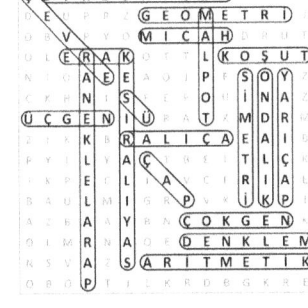

58 - Saúde e Bem Estar #1

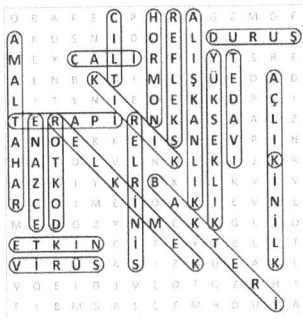

59 - Natureza

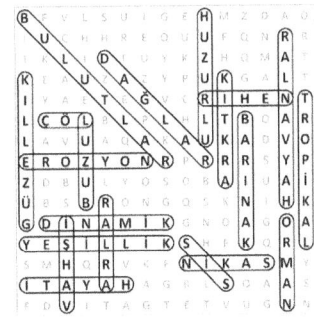

60 - A Empresa

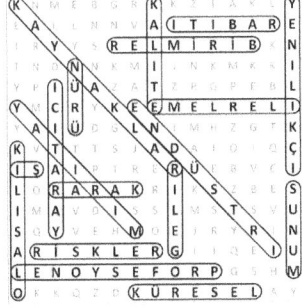

61 - Doença

62 - Aquecimento Global

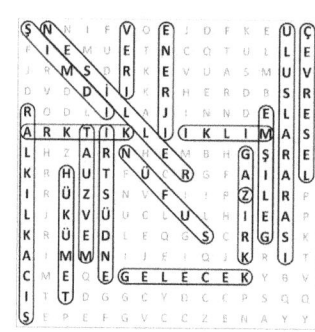

63 - Aviões

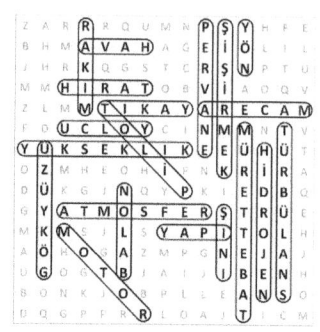

64 - Tipos de Cabelo

65 - Formas

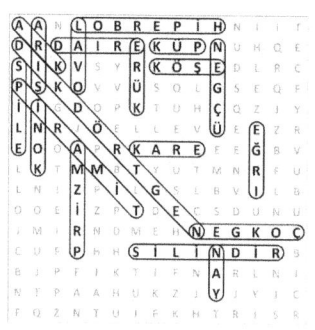

66 - Dias e Meses

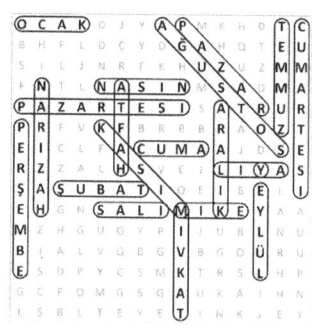

67 - Saúde e Bem Estar #2

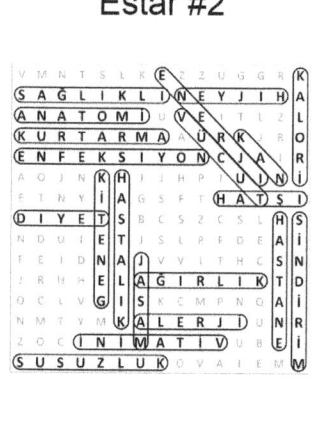

68 - Geografia

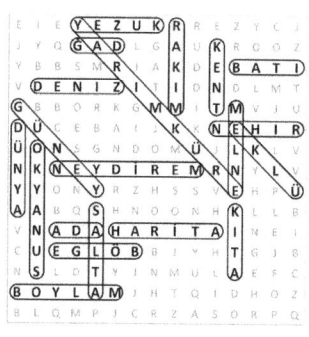

69 - Antártica

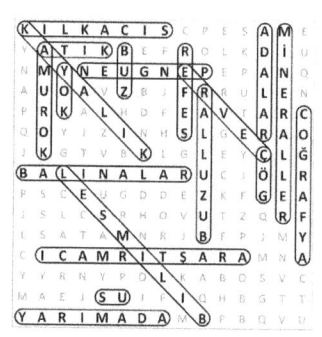

70 - Flores

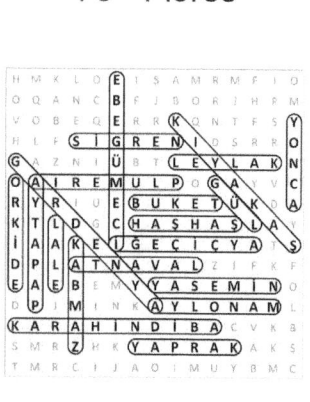

71 - Fazenda #1

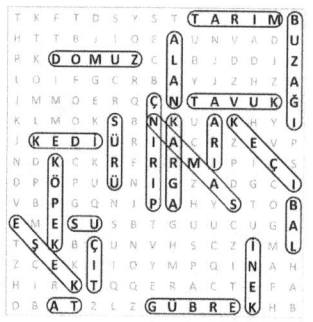

72 - Livros

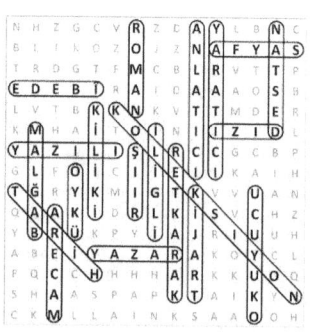

73 - Chocolate

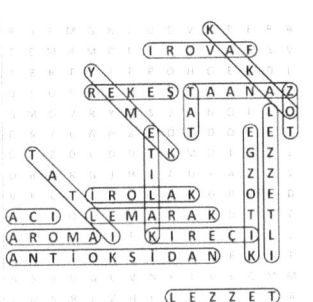

74 - Governo

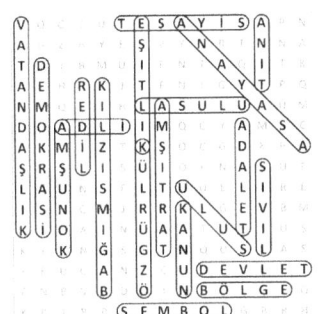

75 - Jardinagem

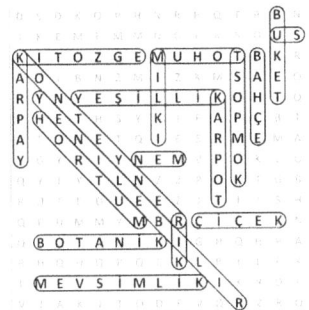

76 - Profissões #2

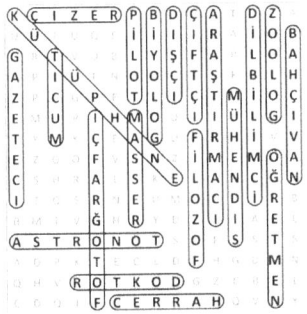

77 - Negócios

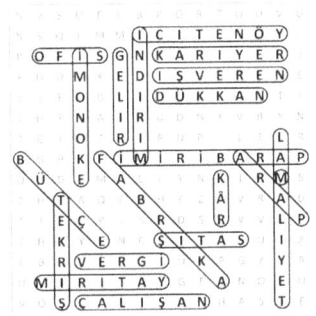

78 - Fazenda #2

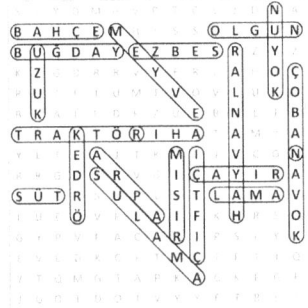

79 - Jardim

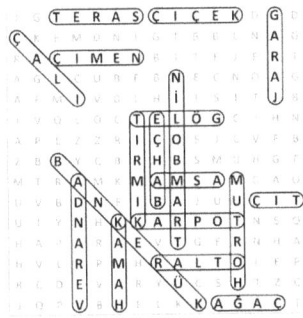

80 - Política

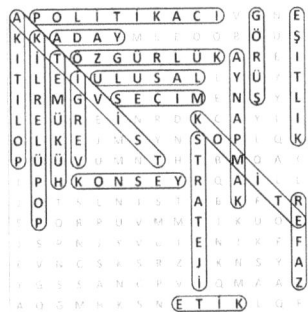

81 - Oceano

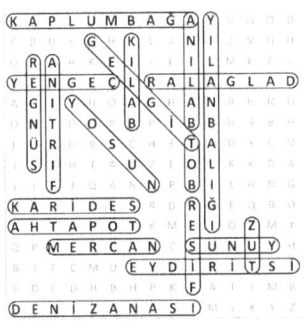

82 - Profissões #1

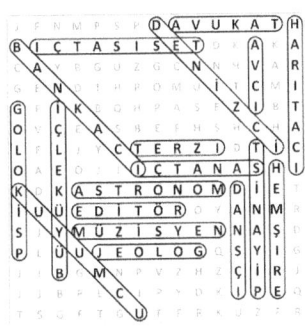

83 - Força e Gravidade

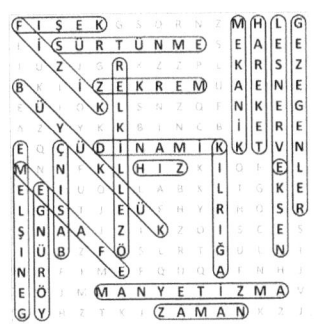

84 - Abelhas

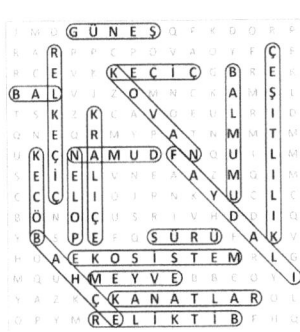

85 - Ciência

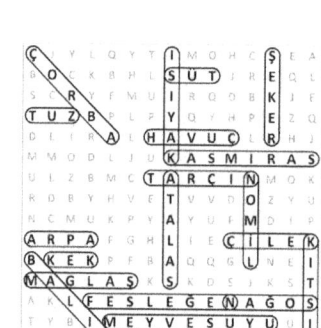

86 - Comida #1

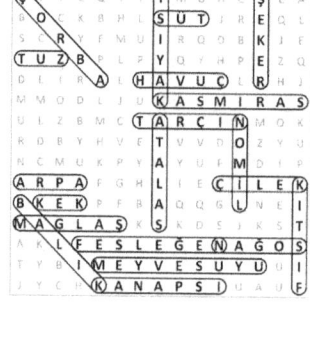

87 - Geometria

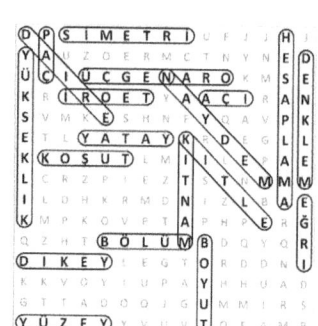

88 - Pássaros

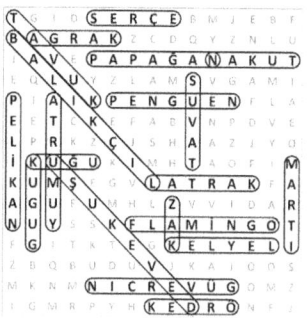

89 - Literatura

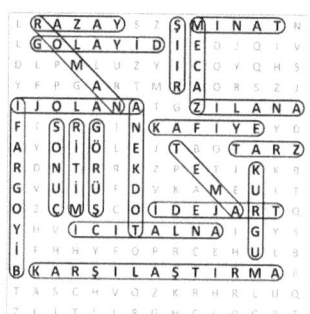

90 - Química

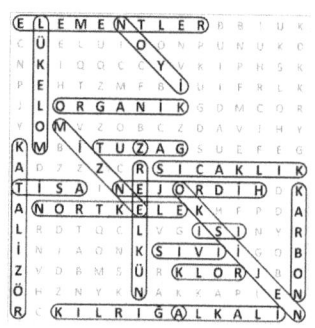

91 - Clima

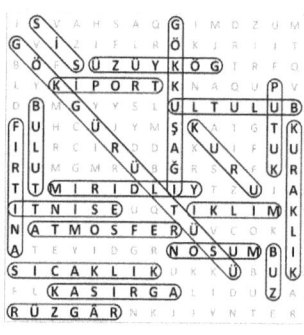

92 - Tecnologia

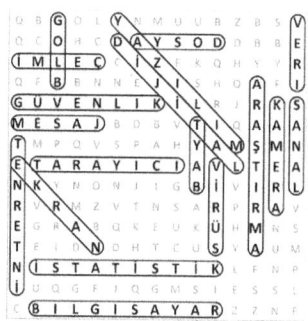

93 - Diplomacia

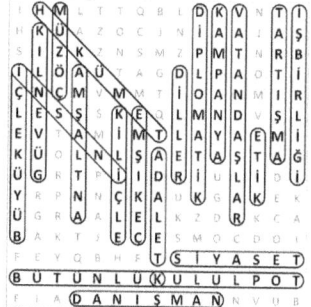

94 - Esportes

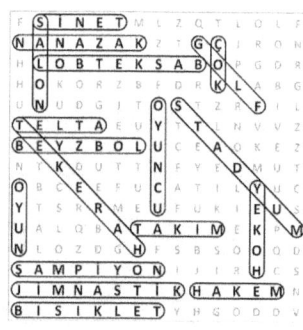

95 - Comida # 2

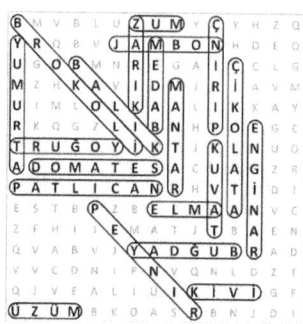

96 - Universo

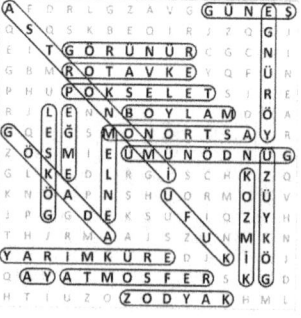

97 - Jazz

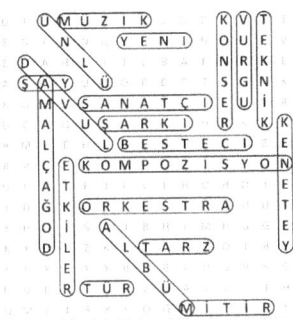

98 - Barcos

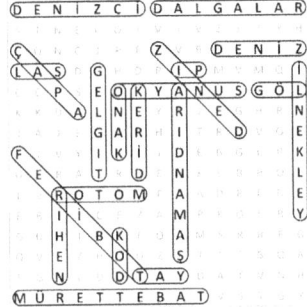

99 - Mamíferos

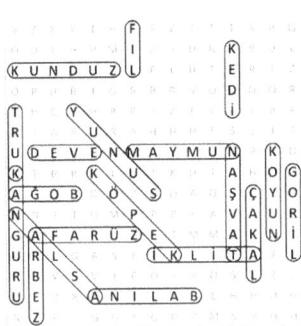

100 - Atividades e Lazer

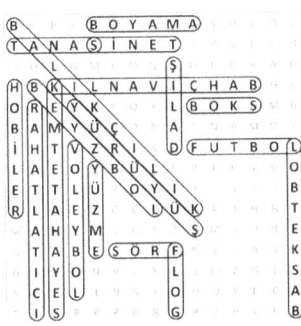

Dicionário

A Empresa
Şirket

Apresentação	Sunum
Criativo	Yaratici
Decisão	Karar
Emprego	İş
Global	Küresel
Indústria	Endüstri
Inovador	Yenilikçi
Investimento	Yatirim
Possibilidade	Olasilik
Produto	Ürün
Profissional	Profesyonel
Progresso	İlerleme
Qualidade	Kalite
Receita	Gelir
Recursos	Kaynaklar
Reputação	İtibar
Riscos	Riskler
Unidades	Birimler

Abelhas
Arılar

Asas	Kanatlar
Benéfico	Faydali
Cera	Balmumu
Colmeia	Kovan
Diversidade	Çeşitlilik
Ecossistema	Ekosistem
Enxame	Sürü
Flor	Çiçek
Flores	Çiçekler
Fruta	Meyve
Fumaça	Duman
Inseto	Böcek
Jardim	Bahçe
Mel	Bal
Plantas	Bitkiler
Pólen	Polen
Rainha	Kraliçe
Sol	Güneş

Acampamento
Kamp Yapmak

Animais	Hayvanlar
Aventura	Macera
Árvores	Ağaçlar
Bússola	Pusula
Cabine	Kabin
Caça	Avcilik
Canoa	Kano
Chapéu	Şapka
Corda	İp
Floresta	Orman
Fogo	Ateş
Inseto	Böcek
Lago	Göl
Lanterna	Fener
Lua	Ay
Maca	Hamak
Mapa	Harita
Montanha	Dağ
Natureza	Doğa
Tenda	Çadir

Adjetivos #1
Sıfatlar #1

Absoluto	Mutlak
Ambicioso	Hirsli
Aromático	Aromatik
Artístico	Sanatsal
Atraente	Çekici
Enorme	Kocaman
Escuro	Karanlik
Exótico	Egzotik
Fino	İnce
Generoso	Cömert
Grande	Büyük
Honesto	Dürüst
Idêntico	Özdeş
Importante	Önemli
Lento	Yavaş
Misterioso	Gizemli
Moderno	Modern
Perfeito	Kusursuz
Pesado	Ağir
Valioso	Değerli

Adjetivos #2
Sıfatlar #2

Autêntico	Otantik
Criativo	Yaratici
Descritivo	Açiklayici
Dotado	Yetenekli
Elegante	Zarif
Famoso	Ünlü
Forte	Güçlü
Interessante	Enteresan
Natural	Doğal
Normal	Normal
Novo	Yeni
Orgulhoso	Gururlu
Produtivo	Üretken
Puro	Saf
Quente	Sicak
Responsável	Sorumlu
Salgado	Tuzlu
Saudável	Sağlikli
Seco	Kuru
Selvagem	Vahşi

Agronomia
Tarım

Agricultura	Tarim
Ambiente	Çevre
Água	Su
Ciência	Bilim
Crescimento	Büyüme
Doenças	Hastaliklar
Ecologia	Ekoloji
Energia	Enerji
Erosão	Erozyon
Estudo	Okumak
Fertilizante	Gübre
Legumes	Sebzeler
Orgânico	Organik
Pesquisa	Araştirma
Plantas	Bitkiler
Poluição	Kirlilik
Produção	Yapim
Rural	Kirsal
Sementes	Tohum
Solo	Toprak

Antártica
Antarktika

Ambiente	Çevre
Água	Su
Baía	Koy
Baleias	Balinalar
Científico	Bilimsel
Conservação	Koruma
Continente	Kita
Expedição	Sefer
Geleiras	Buzullar
Gelo	Buz
Geografia	Coğrafya
Ilhas	Adalar
Investigador	Araştirmaci
Migração	Göç
Minerais	Mineraller
Península	Yarimada
Pinguins	Penguen
Rochoso	Kayalik
Temperatura	Sicaklik
Topografia	Topoğrafya

Antiguidades
Antikacılar

Arte	Sanat
Autêntico	Otantik
Condição	Şart
Decorativo	Dekoratif
Elegante	Zarif
Escultura	Heykel
Estilo	Tarz
Galeria	Galeri
Incomum	Olağan Dişi
Investimento	Yatirim
Mobiliário	Mobilya
Moedas	Sikke
Preço	Fiyat
Qualidade	Kalite
Restauração	Restorasyon
Século	Yüzyil
Valor	Değer
Velho	Yaş

Aquecimento Global
Küresel Isınma

Agora	Şimdi
Ambiental	Çevresel
Ártico	Arktik
Clima	Iklim
Crise	Kriz
Dados	Veri
Desenvolvimento	Gelişme
Energia	Enerji
Futuro	Gelecek
Gás	Gaz
Gerações	Nesiller
Governo	Hükümet
Indústria	Endüstri
Internacional	Uluslararasi
Legislação	Mevzuat
Populações	Nüfus
Temperaturas	Sicakliklar

Arqueologia
Arkeoloji

Análise	Analiz
Avaliação	Değerlendirme
Civilização	Medeniyet
Descendente	Döl
Desconhecido	Bilinmeyen
Equipe	Takim
Era	Çağ
Especialista	Uzman
Esquecido	Unutulmuş
Fóssil	Fosil
Fragmentos	Parça
Investigador	Araştirmaci
Mistério	Gizem
Objetos	Nesne
Ossos	Kemikler
Professor	Profesör
Relíquia	Kalinti
Templo	Tapinak
Túmulo	Mezar

Astronomia
Astronomi

Astronauta	Astronot
Astrônomo	Astronom
Celestial	Göksel
Céu	Gökyüzü
Constelação	Takimyildiz
Eclipse	Tutulma
Equinócio	Ekinoks
Foguete	Roket
Galáxia	Gökada
Gravidade	Yerçekimi
Lua	Ay
Meteoro	Meteor
Nebulosa	Bulutsu
Observatório	Rasathane
Planeta	Gezegen
Radiação	Radyasyon
Solar	Güneş
Supernova	Süpernova
Terra	Toprak
Universo	Evren

Atividades e Lazer
Aktiviteler ve boş Zaman

Arte	Sanat
Basquete	Basketbol
Beisebol	Beyzbol
Boxe	Boks
Caminhada	Yürüyüş
Futebol	Futbol
Golfe	Golf
Hobbies	Hobiler
Jardinagem	Bahçivanlik
Mergulho	Daliş
Natação	Yüzme
Pesca	Balikçilik
Pintura	Boyama
Relaxante	Rahatlatici
Surfe	Sörf
Tênis	Tenis
Viagem	Seyahat Etmek
Voleibol	Voleybol

Aventura
Macera

Alegria	Sevinç
Amigos	Arkadaşlar
Beleza	Güzellik
Bravura	Cesaret
Chance	Şans
Desafios	Zorluklar
Destino	Hedef
Dificuldade	Zorluk
Entusiasmo	Heves
Excursão	Gezi
Incomum	Olağan Dişi
Itinerário	Güzergah
Natureza	Doğa
Navegação	Sefer
Novo	Yeni
Oportunidade	Firsat
Perigoso	Tehlikeli
Preparação	Hazirlik
Segurança	Emniyet
Surpreendente	Şaşirtici

Aviões
Uçaklar

Altitude	Rakim
Altura	Yükseklik
Ar	Hava
Atmosfera	Atmosfer
Aventura	Macera
Balão	Balon
Céu	Gökyüzü
Combustível	Yakit
Construção	Yapi
Descida	Iniş
Direção	Yön
Hélices	Pervane
Hidrogênio	Hidrojen
História	Tarih
Inflar	Şişirmek
Motor	Motor
Passageiro	Yolcu
Piloto	Pilot
Tripulação	Mürettebat
Turbulência	Türbülans

Água
Suçlu

Canal	Kanal
Chuva	Yağmur
Chuveiro	Duş
Evaporação	Buharlaşma
Furacão	Kasirga
Geada	Don
Gelo	Buz
Geyser	Gayzer
Inundação	Sel
Irrigação	Sulama
Lago	Göl
Monção	Muson
Neve	Kar
Oceano	Okyanus
Ondas	Dalgalar
Rio	Nehir
Umidade	Nem
Vapor	Buhar

Álgebra
Cebir

Diagrama	Diyagram
Divisão	Bölüm
Equação	Denklem
Expoente	Üs
Falso	Yanliş
Fator	Faktör
Fórmula	Formül
Fração	Kesir
Infinito	Sonsuz
Linear	Doğrusal
Matriz	Matris
Número	Numara
Parêntese	Parantez
Problema	Sorun
Simplificar	Basitleştir
Solução	Çözüm
Soma	Toplam
Subtração	Çikarma
Variável	Değişken
Zero	Sifir

Balé
Bale

Aplauso	Alkiş
Artístico	Sanatsal
Bailarina	Balerin
Compositor	Besteci
Coreografia	Koreografi
Dançarinos	Dansçilar
Ensaio	Prova
Estilo	Tarz
Expressivo	Anlamli
Gesto	Jest
Gracioso	Zarif
Habilidade	Beceri
Intensidade	Yoğunluk
Músculos	Kaslar
Música	Müzik
Orquestra	Orkestra
Público	Seyirci
Ritmo	Ritim
Solo	Solo
Técnica	Teknik

Barcos
Tekneler

Âncora	Çapa
Balsa	Feribot
Bóia	Şamandira
Canoa	Kano
Corda	Ip
Doca	Dok
Iate	Yat
Jangada	Sal
Lago	Göl
Mar	Deniz
Maré	Gelgit
Marinheiro	Denizci
Mastro	Direk
Motor	Motor
Náutico	Deniz
Oceano	Okyanus
Ondas	Dalgalar
Rio	Nehir
Tripulação	Mürettebat
Veleiro	Yelkenli

Beleza
Güzellik

Batom	Ruj
Charme	Cazibe
Cor	Renk
Cosméticos	Kozmetik
Elegante	Zarif
Elegância	Zarafet
Espelho	Ayna
Estilista	Stilist
Fotogênico	Fotojenik
Fragrância	Koku
Graça	Lütuf
Maquiagem	Makyaj
Óleos	Yağlar
Pele	Cilt
Rímel	Maskara
Suave	Düz
Tesoura	Makas
Xampu	Şampuan

Biologia
Biyoloji

Anatomia	Anatomi
Bactérias	Bakteri
Célula	Hücre
Colagénio	Kolajen
Cromossoma	Kromozom
Embrião	Embriyo
Enzima	Enzim
Evolução	Evrim
Fotossíntese	Fotosentez
Hormona	Hormon
Mamífero	Memeli
Mutação	Mutasyon
Natural	Doğal
Nervo	Sinir
Neurônio	Nöron
Osmose	Ozmos
Proteína	Protein
Réptil	Sürüngen
Simbiose	Symbiosis
Sinapse	Sinaps

Caminhada
Yürüyüş

Animais	Hayvanlar
Água	Su
Cansado	Yorgun
Clima	Iklim
Cume	Toplanti
Mapa	Harita
Montanha	Dağ
Natureza	Doğa
Orientação	Oryantasyon
Parques	Parklar
Pedras	Taşlar
Penhasco	Uçurum
Perigos	Tehlikeler
Pesado	Ağir
Preparação	Hazirlik
Selvagem	Vahşi
Sol	Güneş
Tempo	Hava

Casa
Ev

Biblioteca	Kütüphane
Cerca	Çit
Chaves	Anahtarlar
Chuveiro	Duş
Cortinas	Perdeler
Cozinha	Mutfak
Espelho	Ayna
Garagem	Garaj
Janela	Pencere
Jardim	Bahçe
Lareira	Şömine
Mobiliário	Mobilya
Parede	Duvar
Porta	Kapi
Quarto	Oda
Sótão	Çati Kati
Tapete	Kilim
Teto	Tavan
Torneira	Musluk
Vassoura	Süpürge

Chocolate
Çikolatalı

Açúcar	Şeker
Amargo	Aci
Antioxidante	Antioksidan
Aroma	Aroma
Artesanal	Zanaat
Cacau	Kakao
Calorias	Kalori
Caramelo	Karamel
Comer	Yemek
Delicioso	Lezzetli
Doce	Tatli
Exótico	Egzotik
Favorito	Favori
Gosto	Tat
Ingrediente	Içerik
Pó	Toz
Qualidade	Kalite
Sabor	Lezzet

Churrascos
Barbeküler

Amigos	Arkadaşlar
Cebolas	Soğan
Convite	Davet
Crianças	Çocuklar
Facas	Biçak
Família	Aile
Fome	Açlik
Frango	Tavuk
Fruta	Meyve
Grelha	Izgara
Jogos	Oyunlar
Legumes	Sebzeler
Molho	Sos
Música	Müzik
Pimenta	Biber
Quente	Sicak
Sal	Tuz
Saladas	Salatalar
Tomates	Domatesler
Verão	Yaz

Cidade
Kasaba

Aeroporto	Havalimani
Banco	Banka
Biblioteca	Kütüphane
Cinema	Sinema
Clínica	Klinik
Escola	Okul
Estádio	Stadyum
Farmácia	Eczane
Florista	Çiçekçi
Galeria	Galeri
Hotel	Otel
Livraria	Kitapçi
Mercado	Pazar
Museu	Müze
Padaria	Firin
Restaurante	Restoran
Salão	Salon
Supermercado	Süpermarket
Teatro	Tiyatro
Universidade	Üniversite

Ciência
Bilim

Átomo	Atom
Clima	Iklim
Dados	Veri
Evolução	Evrim
Experiência	Deney
Fato	Gerçek
Física	Fizik
Fóssil	Fosil
Gravidade	Yerçekimi
Hipótese	Hipotez
Laboratório	Laboratuvar
Método	Yöntem
Minerais	Mineraller
Moléculas	Molekül
Natureza	Doğa
Observação	Gözlem
Organismo	Organizma
Partículas	Parçaciklar
Plantas	Bitkiler
Químico	Kimyasal

Clima
Hava

Arco-Íris	Gökkuşaği
Atmosfera	Atmosfer
Brisa	Esinti
Céu	Gökyüzü
Clima	Iklim
Gelo	Buz
Monção	Muson
Nevoeiro	Sis
Nublado	Bulutlu
Nuvem	Bulut
Polar	Kutup
Relâmpago	Yildirim
Seca	Kuraklik
Seco	Kuru
Temperatura	Sicaklik
Tempestade	Firtina
Tornado	Kasirga
Tropical	Tropik
Trovão	Gök Gürültüsü
Vento	Rüzgâr

Comida # 2
Yemek #2

Alcachofra	Enginar
Amêndoa	Badem
Arroz	Pirinç
Banana	Muz
Beringela	Patlican
Brócolis	Brokoli
Cereja	Kiraz
Chocolate	Çikolata
Cogumelo	Mantar
Frango	Tavuk
Iogurte	Yoğurt
Kiwi	Kivi
Maçã	Elma
Ovo	Yumurta
Peixe	Balik
Presunto	Jambon
Queijo	Peynir
Tomate	Domates
Trigo	Buğday
Uva	Üzüm

Comida #1
Yemek #1

Açúcar	Şeker
Alho	Sarimsak
Amendoim	Fistik
Atum	Balik
Bolo	Kek
Canela	Tarçin
Cebola	Soğan
Cenoura	Havuç
Cevada	Arpa
Damasco	Kayisi
Espinafre	Ispanak
Leite	Süt
Limão	Limon
Manjericão	Fesleğen
Morango	Çilek
Nabo	Şalgam
Sal	Tuz
Salada	Salata
Sopa	Çorba
Suco	Meyve Suyu

Corpo Humano
İnsan Vücudu

Boca	Ağiz
Cabeça	Baş
Cérebro	Beyin
Coração	Kalp
Cotovelo	Dirsek
Dedo	Parmak
Joelho	Diz
Lábios	Dudak
Mão	El
Nariz	Burun
Olho	Göz
Ombro	Omuz
Orelha	Kulak
Pele	Cilt
Perna	Bacak
Pescoço	Boyun
Queixo	Çene
Sangue	Kan
Testa	Alin
Tornozelo	Ayak Bileği

Cozinha
Mutfak

Avental	Önlük
Chaleira	Kazan
Colheres	Kaşik
Comer	Yemek
Concha	Kepçe
Cups	Bardak
Especiarias	Baharat
Esponja	Sünger
Facas	Biçak
Forno	Firin
Freezer	Dondurucu
Garfos	Çatallar
Geladeira	Buzdolabi
Grelha	Izgara
Guardanapo	Peçete
Jar	Kavanoz
Jarro	Sürahi
Tigela	Tas

Dança
Dans

Academia	Akademi
Alegre	Neşeli
Arte	Sanat
Clássico	Klasik
Coreografia	Koreografi
Corpo	Vücut
Cultura	Kültür
Cultural	Kültürel
Emoção	Duygu
Ensaio	Prova
Expressivo	Anlamli
Graça	Lütuf
Movimento	Hareket
Música	Müzik
Parceiro	Ortak
Postura	Duruş
Ritmo	Ritim
Tradicional	Geleneksel
Visual	Görsel

Dias e Meses
Günler ve Aylar

Abril	Nisan
Agosto	Ağustos
Ano	Yil
Calendário	Takvim
Dezembro	Aralik
Domingo	Pazar
Fevereiro	Şubat
Janeiro	Ocak
Julho	Temmuz
Junho	Haziran
Mês	Ay
Novembro	Kasim
Outubro	Ekim
Quinta-Feira	Perşembe
Sábado	Cumartesi
Segunda-Feira	Pazartesi
Semana	Hafta
Setembro	Eylül
Sexta-Feira	Cuma
Terça	Sali

Diplomacia
Diplomasi

Campanhas	Kampanya
Cidadãos	Vatandaşlar
Comunidade	Topluluk
Conflito	Çekişme
Consultor	Danişman
Cooperação	İşbirliği
Diplomático	Diplomatik
Discussão	Tartişma
Embaixada	Elçilik
Embaixador	Büyükelçi
Ética	Etik
Governo	Hükümet
Humanitário	İnsani
Integridade	Bütünlük
Justiça	Adalet
Línguas	Diller
Política	Siyaset
Segurança	Güvenlik
Solução	Çözüm
Tratado	Antlaşma

Dirigindo
Sürüş

Acidente	Kaza
Carro	Araba
Combustível	Yakit
Cuidado	Dikkat
Estrada	Yol
Freios	Frenler
Garagem	Garaj
Gás	Gaz
Licença	Lisans
Mapa	Harita
Motocicleta	Motosiklet
Motor	Motor
Pedestre	Yaya
Perigo	Tehlike
Polícia	Polis
Rua	Sokak
Segurança	Emniyet
Transporte	Taşimacilik
Tráfego	Trafik
Túnel	Tünel

Disciplinas Científicas
Bilimsel Disiplinler

Anatomia	Anatomi
Arqueologia	Arkeoloji
Astronomia	Astronomi
Biologia	Biyoloji
Bioquímica	Biyokimya
Botânica	Botanik
Cinesiologia	Kinesiyoloji
Ecologia	Ekoloji
Fisiologia	Fizyoloji
Geologia	Jeoloji
Imunologia	İmmünoloji
Linguística	Dilbilim
Meteorologia	Meteoroloji
Mineralogia	Mineraloji
Neurologia	Nöroloji
Psicologia	Psikoloji
Química	Kimya
Sociologia	Sosyoloji
Termodinâmica	Termodinamik
Zoologia	Zooloji

Doença
Hastalık

Agudo	Akut
Alergias	Alerjiler
Bacteriano	Bakteriyel
Contagioso	Bulaşici
Coração	Kalp
Corpo	Vücut
Crônica	Kronik
Fraco	Zayif
Genético	Genetik
Hereditário	Kalitsal
Imunidade	Bağişiklik
Inflamação	İltihap
Lombar	Lomber
Neuropatia	Nöropati
Ossos	Kemikler
Patógenos	Patojenler
Respiratório	Solunum
Saúde	Sağlik
Síndrome	Sendrom
Terapia	Terapi

Ecologia
Ekoloji

Clima	Iklim
Comunidades	Topluluk
Diversidade	Çeşitlilik
Fauna	Fauna
Flora	Flora
Global	Küresel
Marinho	Deniz
Montanhas	Dağlar
Natural	Doğal
Natureza	Doğa
Pântano	Bataklik
Plantas	Bitkiler
Recursos	Kaynaklar
Seca	Kuraklik
Sobrevivência	Beka
Vegetação	Bitki Örtüsü
Voluntários	Gönüllü

Edifícios
Site

Apartamento	Apartman
Castelo	Kale
Celeiro	Ahir
Cinema	Sinema
Embaixada	Elçilik
Escola	Okul
Estádio	Stadyum
Fazenda	Çiftlik
Fábrica	Fabrika
Garagem	Garaj
Hospital	Hastane
Hotel	Otel
Laboratório	Laboratuvar
Museu	Müze
Observatório	Rasathane
Supermercado	Süpermarket
Teatro	Tiyatro
Tenda	Çadir
Torre	Kule
Universidade	Üniversite

Emoções
Duygular

Alegria	Sevinç
Amor	Aşk
Animado	Heyecanli
Bem-Aventurança	Mutluluk
Bondade	Nezaket
Calmo	Sakin
Grato	Minnettar
Medo	Korku
Paz	Bariş
Raiva	Öfke
Relaxado	Rahat
Satisfeito	Memnun
Simpatia	Sempati
Ternura	Hassasiyet
Tédio	Sikinti
Tranquilidade	Huzur
Tristeza	Üzüntü

Energia
Enerji

Ambiente	Çevre
Bateria	Pil
Calor	Isi
Carbono	Karbon
Combustível	Yakit
Diesel	Mazot
Elétrico	Elektrik
Elétron	Elektron
Entropia	Entropi
Fóton	Foton
Gasolina	Benzin
Hidrogênio	Hidrojen
Indústria	Endüstri
Motor	Motor
Nuclear	Nükleer
Poluição	Kirlilik
Renovável	Yenilenebilir
Sol	Güneş
Turbina	Türbin
Vento	Rüzgar

Engenharia
Mühendislik

Alavancas	Kol
Atrito	Sürtünme
Ângulo	Açi
Cálculo	Hesaplama
Diagrama	Diyagram
Diâmetro	Çap
Diesel	Mazot
Dimensões	Boyutlar
Distribuição	Dağitim
Eixo	Eksen
Energia	Enerji
Estabilidade	Sebat
Estrutura	Yapi
Força	Kuvvet
Líquido	Sivi
Máquina	Makine
Medição	Ölçüm
Motor	Motor
Movimento	Hareket
Profundidade	Derinlik

Especiarias
Baharat

Açafrão	Safran
Alcaçuz	Meyan
Alho	Sarimsak
Amargo	Aci
Anis	Anason
Azedo	Ekşi
Baunilha	Vanilya
Canela	Tarçin
Cardamomo	Kakule
Caril	Köri
Cebola	Soğan
Coentro	Kişniş
Cominho	Kimyon
Doce	Tatli
Funcho	Rezene
Gengibre	Zencefil
Noz-Moscada	Ceviz
Pimenta	Biber
Sabor	Lezzet
Sal	Tuz

Esportes
Spor

Atleta	Atlet
Árbitro	Hakem
Basquete	Basketbol
Beisebol	Beyzbol
Bicicleta	Bisiklet
Campeonato	Şampiyon
Equipe	Takim
Estádio	Stadyum
Ganhador	Kazanan
Ginásio	Salon
Ginástica	Jimnastik
Golfe	Golf
Hóquei	Hokey
Jogador	Oyuncu
Jogo	Oyun
Movimento	Hareket
Tênis	Tenis
Treinador	Koç

Ética
Etik

Altruísmo	Özgecilik
Bondade	Nezaket
Compaixão	Merhamet
Cooperação	İşbirliği
Dignidade	Haysiyet
Diplomático	Diplomatik
Filosofia	Felsefe
Honestidade	Dürüstlük
Humanidade	İnsanlik
Individualismo	Bireycilik
Integridade	Bütünlük
Otimismo	Iyimserlik
Paciência	Sabir
Racionalidade	Rasyonalite
Razoável	Makul
Realismo	Gerçekçilik
Respeitoso	Saygili
Sabedoria	Bilgelik
Tolerância	Tolerans
Valores	Değerler

Família
Aile

Antepassado	Ata
Avó	Büyükanne
Avô	Büyük Baba
Criança	Çocuk
Crianças	Çocuklar
Esposa	Kadin Eş
Filha	Kiz Evlat
Gêmeos	İkizler
Infância	Çocukluk
Irmã	Kiz Kardeş
Irmão	Erkek Kardeş
Marido	Koca
Mãe	Anne
Neto	Torun
Pai	Baba
Primo	Kuzen
Sobrinha	Yeğen
Sobrinho	Erkek Yeğen
Tia	Teyze
Tio	Amca

Fazenda #1
Çiftlik #1

Abelha	Ari
Agricultura	Tarim
Arroz	Pirinç
Água	Su
Bezerro	Buzaği
Burro	Eşek
Cabra	Keçi
Campo	Alan
Cavalo	At
Cão	Köpek
Cerca	Çit
Corvo	Karga
Feno	Saman
Fertilizante	Gübre
Frango	Tavuk
Gato	Kedi
Mel	Bal
Porco	Domuz
Rebanho	Sürü
Vaca	İnek

Fazenda #2
Çiftlik #2

Agricultor	Çiftçi
Animais	Hayvanlar
Celeiro	Ahir
Cevada	Arpa
Colmeia	Kovan
Cordeiro	Kuzu
Fruta	Meyve
Irrigação	Sulama
Leite	Süt
Lhama	Lama
Maduro	Olgun
Milho	Misir
Ovelha	Koyun
Pastor	Çoban
Pato	Ördek
Pomar	Bahçe
Prado	Çayir
Trator	Traktör
Trigo	Buğday
Vegetal	Sebze

Férias #2
Tatil #2

Aeroporto	Havalimani
Destino	Hedef
Estrangeiro	Yabanci
Fotos	Fotoğraflar
Hotel	Otel
Ilha	Ada
Lazer	Boş
Mapa	Harita
Mar	Deniz
Montanhas	Dağlar
Passaporte	Pasaport
Praia	Plaj
Restaurante	Restoran
Táxi	Taksi
Tenda	Çadir
Transporte	Taşimacilik
Viagem	Seyahat
Visto	Vize

Ficção Científica
Bilim Kurgu

Atómico	Atomik
Cinema	Sinema
Distante	Uzak
Explosão	Patlama
Extremo	Aşiri
Fantástico	Fantastik
Fogo	Ateş
Futurista	Fütüristik
Galáxia	Gökada
Ilusão	Yanilsama
Imaginário	Hayali
Livros	Kitaplar
Misterioso	Gizemli
Mundo	Dünya
Oráculo	Kehanet
Planeta	Gezegen
Realista	Gerçekçi
Robôs	Robotlar
Tecnologia	Teknoloji
Utopia	Ütopya

Física
Fizikçi

Aceleração	Hizlanma
Átomo	Atom
Caos	Kaos
Densidade	Yoğunluk
Elétron	Elektron
Fórmula	Formül
Frequência	Siklik
Gás	Gaz
Gravidade	Yerçekimi
Magnetismo	Manyetizma
Massa	Kitle
Mecânica	Mekanik
Molécula	Molekül
Motor	Motor
Nuclear	Nükleer
Partícula	Partikül
Químico	Kimyasal
Relatividade	Görelilik
Universal	Evrensel
Velocidade	Hiz

Flores
Çiçekler

Buquê	Buket
Dente-De-Leão	Karahindiba
Gardênia	Gardenya
Girassol	Ayçiçeği
Hibisco	Ebegümeci
Jasmim	Yasemin
Lavanda	Lavanta
Lilás	Leylak
Lírio	Zambak
Magnólia	Manolya
Margarida	Papatya
Narciso	Nergis
Orquídea	Orkide
Papoula	Haşhaş
Peônia	Şakayik
Pétala	Yaprak
Plumeria	Plumeria
Rosa	Gül
Trevo	Yonca
Tulipa	Lale

Força e Gravidade
Kuvvet ve Yerçekimi

Atrito	Sürtünme
Centro	Merkez
Descoberta	Keşif
Dinâmico	Dinamik
Distância	Mesafe
Eixo	Eksen
Expansão	Genişleme
Física	Fizik
Magnetismo	Manyetizma
Magnitude	Büyüklük
Mecânica	Mekanik
Movimento	Hareket
Órbita	Yörünge
Peso	Ağirlik
Planetas	Gezegenler
Pressão	Basinç
Propriedades	Özellikler
Rapidez	Hiz
Tempo	Zaman
Universal	Evrensel

Formas
Şekilliler

Arco	Ark
Canto	Köşe
Cilindro	Silindir
Círculo	Daire
Cone	Koni
Cubo	Küp
Curva	Eğri
Elipse	Elips
Esfera	Küre
Hipérbole	Hiperbol
Lado	Yan
Linha	Sira
Oval	Oval
Pirâmide	Piramit
Polígono	Çokgen
Prisma	Prizma
Quadrado	Kare
Retângulo	Dikdörtgen
Triângulo	Üçgen

Frutas
Meyve

Abacate	Avokado
Abacaxi	Ananas
Amora	Böğürtlen
Baga	Dut
Banana	Muz
Cereja	Kiraz
Damasco	Kayisi
Figo	İncir
Framboesa	Ahududu
Goiaba	Guava
Kiwi	Kivi
Laranja	Turuncu
Limão	Limon
Maçã	Elma
Mamão	Papaya
Manga	Mango
Nectarina	Nektar
Pera	Armut
Pêssego	Şeftali
Uva	Üzüm

Geografia
Coğrafya

Altitude	Rakim
Atlas	Atlas
Cidade	Kent
Continente	Kita
Hemisfério	Yarimküre
Ilha	Ada
Latitude	Enlem
Longitude	Boylam
Mapa	Harita
Mar	Deniz
Meridiano	Meridyen
Montanha	Dağ
Mundo	Dünya
Norte	Kuzey
Oceano	Okyanus
Oeste	Bati
País	Ülke
Rio	Nehir
Sul	Güney
Território	Bölge

Geologia
Jeoloji

Ácido	Asit
Camada	Katman
Caverna	Mağara
Cálcio	Kalsiyum
Ciclos	Döngüler
Continente	Kita
Coral	Mercan
Cristais	Kristaller
Erosão	Erozyon
Estalactite	Sarkit
Fóssil	Fosil
Lava	Lav
Minerais	Mineraller
Pedra	Taş
Platô	Yayla
Quartzo	Kuvars
Sal	Tuz
Terremoto	Deprem
Vulcão	Volkan
Zona	Bölge

Geometria
Geometri

Altura	Yükseklik
Ângulo	Açi
Cálculo	Hesaplama
Círculo	Daire
Curva	Eğri
Diâmetro	Çap
Dimensão	Boyut
Equação	Denklem
Horizontal	Yatay
Lógica	Mantik
Massa	Kitle
Mediana	Medyan
Paralelo	Koşut
Proporção	Oran
Segmento	Bölüm
Simetria	Simetri
Superfície	Yüzey
Teoria	Teori
Triângulo	Üçgen
Vertical	Dikey

Governo
Devlet

Cidadania	Vatandaşlik
Civil	Sivil
Constituição	Anayasa
Democracia	Demokrasi
Discurso	Konuşma
Discussão	Tartişma
Distrito	Bölge
Estado	Devlet
Igualdade	Eşitlik
Independência	Bağimsizlik
Judicial	Adli
Justiça	Adalet
Lei	Kanun
Liberdade	Özgürlük
Líder	Lider
Monumento	Anit
Nacional	Ulusal
Nação	Ulus
Política	Siyaset
Símbolo	Sembol

Herbalismo
Bitkicilik

Açafrão	Safran
Alecrim	Biberiye
Alho	Sarimsak
Aromático	Aromatik
Benéfico	Faydali
Coentro	Kişniş
Estragão	Tarhun
Flor	Çiçek
Funcho	Rezene
Ingrediente	İçerik
Jardim	Bahçe
Lavanda	Lavanta
Manjericão	Fesleğen
Manjerona	Mercanköşk
Planta	Bitki
Qualidade	Kalite
Sabor	Lezzet
Salsa	Maydanoz
Tomilho	Kekik
Verde	Yeşil

Instrumentos Musicais
Enstrüman

Bandolim	Mandolin
Banjo	Banço
Baquetas	Baget
Clarinete	Klarnet
Fagote	Fagot
Flauta	Flüt
Gongo	Gong
Harpa	Arp
Marimba	Marimba
Oboé	Obua
Pandeiro	Tef
Percussão	Vurma
Piano	Piyano
Saxofone	Saksafon
Tambor	Davul
Trombone	Trombon
Trompete	Trompet
Violão	Gitar
Violino	Keman
Violoncelo	Çello

Jardim
Bahçe

Ancinho	Tirmik
Arbusto	Çali
Árvore	Ağaç
Banco	Bank
Cerca	Çit
Ervas Daninhas	Otlar
Flor	Çiçek
Garagem	Garaj
Grama	Çimen
Jardim	Bahçe
Lagoa	Gölet
Maca	Hamak
Mangueira	Hortum
Pá	Kürek
Solo	Toprak
Terraço	Teras
Trampolim	Trambolin
Varanda	Veranda
Videira	Asma

Jardinagem
Bahçıvanlık

Água	Su
Botânico	Botanik
Buquê	Buket
Clima	Iklim
Comestível	Yenilebilir
Composto	Kompost
Exótico	Egzotik
Floral	Çiçek
Folha	Yaprak
Folhagem	Yeşillik
Mangueira	Hortum
Pomar	Bahçe
Recipiente	Konteyner
Sazonal	Mevsimlik
Sementes	Tohum
Solo	Toprak
Sujeira	Kir
Umidade	Nem

Jazz
Cazcı

Artista	Sanatçi
Álbum	Albüm
Bateria	Davul
Canção	Şarki
Composição	Kompozisyon
Compositor	Besteci
Concerto	Konser
Estilo	Tarz
Ênfase	Vurgu
Famoso	Ünlü
Gênero	Tür
Improvisação	Doğaçlama
Influências	Etkiler
Música	Müzik
Novo	Yeni
Orquestra	Orkestra
Ritmo	Ritim
Talento	Yetenek
Técnica	Teknik
Velho	Yaş

Literatura
Edebiyat

Analogia	Analoji
Análise	Analiz
Anedota	Anekdot
Autor	Yazar
Biografia	Biyografi
Comparação	Karşilaştirma
Conclusão	Sonuç
Descrição	Tanim
Diálogo	Diyalog
Estilo	Tarz
Ficção	Kurgu
Metáfora	Mecaz
Narrador	Anlatici
Opinião	Görüş
Poema	Şiir
Rima	Kafiye
Ritmo	Ritim
Romance	Roman
Tema	Tema
Tragédia	Trajedi

Livros
Kitaplar

Autor	Yazar
Aventura	Macera
Coleção	Koleksiyon
Contexto	Bağlam
Dualidade	İkilik
Escrito	Yazili
Épico	Destan
História	Öykü
Histórico	Tarih
Inventivo	Yaratici
Leitor	Okuyucu
Literário	Edebî
Narrador	Anlatici
Página	Sayfa
Personagem	Karakter
Poesia	Şiir
Relevante	İlgili
Romance	Roman
Série	Dizi
Trágico	Trajik

Mamíferos
Memeliler
Baleia	Balina
Camelo	Deve
Canguru	Kanguru
Castor	Kunduz
Cavalo	At
Cão	Köpek
Coelho	Tavşan
Coiote	Çakal
Elefante	Fil
Gato	Kedi
Girafa	Zürafa
Golfinho	Yunus
Gorila	Goril
Leão	Aslan
Lobo	Kurt
Macaco	Maymun
Ovelha	Koyun
Raposa	Tilki
Touro	Boğa
Zebra	Zebra

Matemática
Matematik
Aritmética	Aritmetik
Ângulos	Açilar
Decimal	Ondalik
Diâmetro	Çap
Equação	Denklem
Expoente	Üs
Fração	Kesir
Geometria	Geometri
Números	Sayilar
Paralelo	Koşut
Paralelogramo	Paralelkenar
Perímetro	Çevre
Polígono	Çokgen
Quadrado	Kare
Raio	Yariçap
Retângulo	Dikdörtgen
Simetria	Simetri
Soma	Toplam
Triângulo	Üçgen
Volume	Hacim

Material de Arte
Sanat Malzemeleri
Acrílico	Akrilik
Apagador	Silgi
Aquarelas	Suluboya
Argila	Kil
Água	Su
Cadeira	Sandalye
Cavalete	Şövale
Câmera	Kamera
Cola	Tutkal
Cores	Renk
Criatividade	Yaraticilik
Escovas	Firçalar
Lápis	Kalemler
Mesa	Masa
Óleo	Yağ
Papel	Kâğit
Pastels	Pastel
Tinta	Mürekkep

Medições
Ölçümler
Altura	Yükseklik
Byte	Bayt
Centímetro	Santimetre
Comprimento	Uzunluk
Decimal	Ondalik
Grama	Gram
Grau	Derece
Largura	Genişlik
Litro	Litre
Massa	Kitle
Metro	Metre
Minuto	Dakika
Onça	Ons
Peso	Ağirlik
Polegada	İnç
Profundidade	Derinlik
Quilograma	Kilogram
Quilômetro	Kilometre
Tonelada	Ton
Volume	Hacim

Meditação
Meditasyon
Aceitação	Kabul
Acordado	Uyanik
Aprender	Öğrenmek
Bondade	Nezaket
Clareza	Açiklik
Compaixão	Merhamet
Emoções	Duygular
Gratidão	Minnettarlik
Hábitos	Alişkanliklar
Mental	Zihinsel
Mente	Akil
Movimento	Hareket
Música	Müzik
Natureza	Doğa
Observação	Gözlem
Paz	Bariş
Pensamentos	Düşünceler
Perspectiva	Perspektif
Postura	Duruş
Silêncio	Sessizlik

Mitologia
Mitoloji
Arquétipo	Numune
Ciúmes	Kiskançlik
Comportamento	Davraniş
Criação	Yaratiliş
Criatura	Yaratik
Cultura	Kültür
Desastre	Felaket
Força	Kuvvet
Guerreiro	Savaşçi
Herói	Kahraman
Imortalidade	Ölümsüzlük
Labirinto	Labirent
Lenda	Efsane
Mágico	Büyülü
Monstro	Canavar
Mortal	Ölümlü
Relâmpago	Yildirim
Triunfante	Muzaffer
Trovão	Gök Gürültüsü
Vingança	Intikam

Moda
Moda

Bordado	Nakiş
Botões	Düğme
Boutique	Butik
Caro	Pahali
Confortável	Rahat
Elegante	Zarif
Estilo	Tarz
Medidas	Ölçüm
Minimalista	Minimalist
Moderno	Modern
Modesto	Mütevazi
Original	Asil
Prático	Pratik
Renda	Dantel
Tecido	Kumaş
Tendência	Akim
Textura	Doku

Música
Müzik

Álbum	Albüm
Cantor	Şarkici
Clássico	Klasik
Coro	Koro
Eclético	Eklektik
Gravação	Kayit
Harmonia	Ahenk
Improvisar	Doğaçlama
Instrumento	Enstrüman
Lírico	Lirik
Melodia	Melodi
Microfone	Mikrofon
Musical	Müzikal
Músico	Müzisyen
Ópera	Opera
Poético	Şiirsel
Ritmo	Ritim
Rítmico	Ritmik
Tempo	Tempo
Vocal	Vokal

Natureza
Doğa

Abelhas	Arlar
Animais	Hayvanlar
Ártico	Arktik
Beleza	Güzellik
Deserto	Çöl
Dinâmico	Dinamik
Erosão	Erozyon
Floresta	Orman
Folhagem	Yeşillik
Geleira	Buzul
Montanhas	Dağlar
Nevoeiro	Sis
Nuvens	Bulutlar
Pacífico	Huzurlu
Rio	Nehir
Santuário	Barinak
Selvagem	Vahşi
Sereno	Sakin
Tropical	Tropikal
Vital	Hayati

Negócios
İşletme

Carreira	Kariyer
Custo	Maliyet
Desconto	Indirim
Dinheiro	Para
Economia	Ekonomi
Empregado	Çalişan
Empregador	Işveren
Empresa	Şirket
Escritório	Ofis
Fábrica	Fabrika
Gerente	Yönetici
Impostos	Vergi
Investimento	Yatirim
Loja	Dükkan
Lucro	Kâr
Mercadoria	Mal
Moeda	Para Birimi
Orçamento	Bütçe
Rendimento	Gelir
Venda	Satiş

Nutrição
Beslenme

Amargo	Aci
Apetite	Iştah
Calorias	Kalori
Comestível	Yenilebilir
Dieta	Diyet
Digestão	Sindirim
Equilibrado	Dengeli
Fermentação	Fermantasyon
Hábitos	Alişkanliklar
Líquidos	Sivilar
Molho	Sos
Nutriente	Besin
Peso	Ağirlik
Proteínas	Protein
Qualidade	Kalite
Sabor	Lezzet
Saudável	Sağlikli
Saúde	Sağlik
Toxina	Toksin
Vitamina	Vitamini

Números
Şiir

Cinco	Beş
Decimal	Ondalik
Dez	On
Dezenove	On Dokuz
Dezesseis	On Alti
Dezessete	On Yedi
Dezoito	Onsekiz
Dois	2
Doze	On Iki
Nove	Dokuz
Oito	Sekiz
Quatorze	On Dört
Quatro	Dört
Seis	Alti
Sete	Yedi
Treze	On Üç
Três	Üç
Um	Bir
Vinte	Yirmi
Zero	Sifir

Oceano
Okyanus

Alga	Yosun
Baleia	Balina
Barco	Bot
Camarão	Karides
Caranguejo	Yengeç
Coral	Mercan
Enguia	Yilan Baliği
Esponja	Sünger
Golfinho	Yunus
Marés	Gelgit
Medusa	Denizanasi
Ondas	Dalgalar
Ostra	İstiridye
Peixe	Balik
Polvo	Ahtapot
Recife	Resif
Sal	Tuz
Tartaruga	Kaplumbağa
Tempestade	Firtina
Tubarão	Köpekbaliği

Paisagens
Manzaralar

Cascata	Şelale
Caverna	Mağara
Colina	Tepe
Deserto	Çöl
Geleira	Buzul
Golfo	Körfez
Iceberg	Buzdaği
Ilha	Ada
Lago	Göl
Mar	Deniz
Montanha	Dağ
Oásis	Vaha
Oceano	Okyanus
Pântano	Bataklik
Península	Yarimada
Praia	Plaj
Rio	Nehir
Tundra	Tundra
Vale	Vadi
Vulcão	Volkan

Países #1
Ülkeler #1

Alemanha	Almanya
Brasil	Brezilya
Camboja	Kamboçya
Canadá	Kanada
Egito	Misir
Equador	Ekvador
Espanha	İspanya
Finlândia	Finlandiya
Iraque	Irak
Israel	İsrail
Itália	İtalya
Índia	Hindistan
Mali	Mali
Marrocos	Fas
Nicarágua	Nikaragua
Noruega	Norveç
Panamá	Panama
Polônia	Polonya
Senegal	Senegal
Venezuela	Venezuela

Países #2
Ülkeler #2

Albânia	Arnavutluk
Dinamarca	Danimarka
França	Fransa
Grécia	Yunanistan
Haiti	Haiti
Indonésia	Endonezya
Irlanda	İrlanda
Jamaica	Jamaika
Japão	Japonya
Laos	Laos
Líbano	Lübnan
México	Meksika
Nepal	Nepal
Nigéria	Nijerya
Paquistão	Pakistan
Rússia	Rusya
Síria	Suriye
Somália	Somali
Ucrânia	Ukrayna
Uganda	Uganda

Pássaros
Kuşlar

Avestruz	Devekuşu
Águia	Kartal
Cegonha	Leylek
Cisne	Kuğu
Corvo	Karga
Cuco	Guguk
Flamingo	Flamingo
Frango	Tavuk
Gaivota	Marti
Ganso	Kaz
Garça	Balikçil
Ovo	Yumurta
Papagaio	Papağan
Pardal	Serçe
Pato	Ördek
Pavão	Tavus
Pelicano	Pelikan
Pinguim	Penguen
Pombo	Güvercin
Tucano	Tukan

Plantas
Bitkiler

Arbusto	Çali
Árvore	Ağaç
Baga	Dut
Bambu	Bambu
Botânica	Botanik
Cacto	Kaktüs
Erva	Ot
Feijão	Fasulye
Fertilizante	Gübre
Flor	Çiçek
Flora	Flora
Floresta	Orman
Folhagem	Yeşillik
Grama	Çimen
Hera	Sarmaşik
Jardim	Bahçe
Musgo	Yosun
Pétala	Yaprak
Raiz	Kök
Vegetação	Bitki Örtüsü

Política
Siyaset

Ativista	Aktivist
Campanha	Kampanya
Candidato	Aday
Comitê	Komite
Conselho	Konsey
Escolha	Seçim
Estratégia	Strateji
Ética	Etik
Governo	Hükümet
Igualdade	Eşitlik
Impostos	Vergi
Liberdade	Özgürlük
Nacional	Ulusal
Opinião	Görüş
Política	Politika
Político	Politikaci
Popularidade	Popülerlik
Vitória	Zafer

Profissões #1
Meslekler #1

Advogado	Avukat
Alfaiate	Terzi
Artista	Sanatçi
Astrônomo	Astronom
Banqueiro	Bankaci
Bombeiro	Itfaiyeci
Caçador	Avci
Cartógrafo	Haritaci
Dançarino	Dansçi
Editor	Editör
Embaixador	Büyükelçi
Encanador	Tesisatçi
Enfermeira	Hemşire
Geólogo	Jeolog
Joalheiro	Kuyumcu
Marinheiro	Denizci
Músico	Müzisyen
Pianista	Piyanist
Psicólogo	Psikolog
Veterinário	Veteriner

Profissões #2
Meslekler #2

Agricultor	Çiftçi
Astronauta	Astronot
Bibliotecário	Kütüphane
Biólogo	Biyolog
Cirurgião	Cerrah
Dentista	Dişçi
Engenheiro	Mühendis
Filósofo	Filozof
Fotógrafo	Fotoğrafçi
Ilustrador	Çizer
Inventor	Mucit
Investigador	Araştirmaci
Jardineiro	Bahçivan
Jornalista	Gazeteci
Linguista	Dilbilimci
Médico	Doktor
Piloto	Pilot
Pintor	Ressam
Professor	Öğretmen
Zoólogo	Zoolog

Psicologia
Psikoloji

Avaliação	Değerlendirme
Clínico	Klinik
Cognição	Biliş
Comportamento	Davraniş
Compromisso	Randevu
Conflito	Çekişme
Ego	Ego
Emoções	Duygular
Inconsciente	Bilinçsiz
Infância	Çocukluk
Influências	Etkiler
Pensamentos	Düşünceler
Percepção	Algi
Personalidade	Kişilik
Problema	Sorun
Realidade	Gerçeklik
Sensação	His
Sonhos	Hayal
Subconsciente	Bilinçalti
Terapia	Terapi

Química
Kimya

Alcalino	Alkali
Ácido	Asit
Calor	Isi
Carbono	Karbon
Catalisador	Katalizör
Cloro	Klor
Elementos	Elementler
Elétron	Elektron
Enzima	Enzim
Gás	Gaz
Hidrogênio	Hidrojen
Íon	İyon
Líquido	Sivi
Molécula	Molekül
Nuclear	Nükleer
Orgânico	Organik
Oxigénio	Oksijen
Peso	Ağirlik
Sal	Tuz
Temperatura	Sicaklik

Restaurante # 2
Restoran #2

Aperitivo	Meze
Água	Su
Bolo	Kek
Cadeira	Sandalye
Colher	Kaşik
Delicioso	Lezzetli
Especiarias	Baharat
Fruta	Meyve
Garçom	Garson
Garfo	Çatal
Gelo	Buz
Legumes	Sebzeler
Macarrão	Erişte
Ovo	Yumurta
Peixe	Balik
Sal	Tuz
Salada	Salata
Sopa	Çorba

Roupas
Giyim

Avental	Önlük
Blusa	Bluz
Calça	Pantolon
Camisa	Gömlek
Chapéu	Şapka
Cinto	Kemer
Colar	Kolye
Jaqueta	Ceket
Jeans	Kot
Lenço	Eşarp
Luvas	Eldivenler
Meias	Çorap
Moda	Moda
Pijama	Pijama
Pulseira	Bilezik
Saia	Etek
Sandálias	Sandalet
Sapato	Ayakkabi
Suéter	Kazak
Vestido	Elbise

Saúde e Bem-Estar #1
Sağlık ve Zindelik #1

Altura	Yükseklik
Ativo	Etkin
Bactérias	Bakteri
Clínica	Klinik
Doutor	Doktor
Farmácia	Eczane
Fome	Açlik
Fratura	Kirik
Hábito	Alişkanlik
Hormones	Hormon
Medicina	İlaç
Nervos	Sinirler
Ossos	Kemikler
Pele	Cilt
Postura	Duruş
Reflexo	Refleks
Relaxamento	Rahatlama
Terapia	Terapi
Tratamento	Tedavi
Vírus	Virüs

Saúde e Bem-Estar #2
Sağlık ve Zindelik #2

Alergia	Alerji
Anatomia	Anatomi
Apetite	İştah
Caloria	Kalori
Corpo	Vücut
Desidratação	Susuzluk
Dieta	Diyet
Digestão	Sindirim
Doença	Hastalik
Energia	Enerji
Genética	Genetik
Higiene	Hijyen
Hospital	Hastane
Infecção	Enfeksiyon
Massagem	Masaj
Peso	Ağirlik
Recuperação	Kurtarma
Sangue	Kan
Saudável	Sağlikli
Vitamina	Vitamini

Tecnologia
Teknoloji

Arquivo	Dosya
Blog	Blog
Bytes	Bayt
Câmera	Kamera
Computador	Bilgisayar
Cursor	İmleç
Dados	Veri
Digital	Dijital
Estatísticas	İstatistik
Internet	İnternet
Mensagem	Mesaj
Navegador	Tarayici
Pesquisa	Araştirma
Segurança	Güvenlik
Software	Yazilim
Tela	Ekran
Virtual	Sanal
Vírus	Virüs

Tempo
Zaman

Agora	Şimdi
Ano	Yil
Antes	Önce
Anual	Yillik
Calendário	Takvim
Década	On Yil
Dia	Gün
Futuro	Gelecek
Hoje	Bugün
Hora	Saat
Manhã	Sabah
Meio-Dia	Öğle
Mês	Ay
Minuto	Dakika
Momento	An
Noite	Gece
Ontem	Dün
Passado	Geçmiş
Semana	Hafta
Século	Yüzyil

Tipos de Cabelo
Saç Tipleri

Branco	Beyaz
Brilhante	Parlak
Careca	Kel
Cinza	Gri
Colori	Renkli
Curto	Kisa
Encaracolado	Kivircik
Fino	Ince
Grosso	Kalin
Loiro	Sarişin
Longo	Uzun
Marrom	Kahverengi
Ondulado	Dalgali
Prata	Gümüş
Preto	Siyah
Saudável	Sağlikli
Seco	Kuru
Suave	Yumuşak
Trançado	Örgülü
Tranças	Örgü

Universo
Evren

Astronomia	Astronomi
Astrônomo	Astronom
Atmosfera	Atmosfer
Celestial	Göksel
Céu	Gökyüzü
Cósmico	Kozmik
Equador	Ekvator
Galáxia	Gökada
Hemisfério	Yarimküre
Horizonte	Ufuk
Inclinar	Eğme
Latitude	Enlem
Longitude	Boylam
Lua	Ay
Órbita	Yörünge
Solar	Güneş
Solstício	Gündönümü
Telescópio	Teleskop
Visível	Görünür
Zodíaco	Zodyak

Vegetais
Sebzeler

Abóbora	Kabak
Aipo	Kereviz
Alcachofra	Enginar
Alho	Sarimsak
Batata	Patates
Beringela	Patlican
Brócolis	Brokoli
Cebola	Soğan
Cenoura	Havuç
Cogumelo	Mantar
Couve-Flor	Karnabahar
Ervilha	Bezelye
Espinafre	Ispanak
Gengibre	Zencefil
Nabo	Şalgam
Pepino	Salatalik
Rabanete	Turp
Salada	Salata
Salsa	Maydanoz
Tomate	Domates

Veículos
Araçlar

Ambulância	Ambulans
Avião	Uçak
Balsa	Feribot
Barco	Bot
Bicicleta	Bisiklet
Caminhão	Kamyon
Caravana	Kervan
Carro	Araba
Foguete	Roket
Furgão	Van
Helicóptero	Helikopter
Jangada	Sal
Metrô	Metro
Motor	Motor
Ônibus	Otobüs
Pneus	Lastikler
Submarino	Denizalti
Táxi	Taksi
Trator	Traktör

Xadrez
Satranç

Aprender	Öğrenmek
Branco	Beyaz
Campeão	Şampiyon
Concurso	Yarişma
Desafios	Zorluklar
Diagonal	Çapraz
Estratégia	Strateji
Jogador	Oyuncu
Jogo	Oyun
Oponente	Rakip
Passivo	Pasif
Preto	Siyah
Rainha	Kraliçe
Regras	Tüzük
Rei	Kral
Sacrifício	Kurban
Tempo	Zaman
Torneio	Turnuva

Parabéns

Conseguiu!

Esperamos que tenha gostado tanto deste livro como nós gostamos de o desenhar. Esforçamo-nos por criar livros da mais alta qualidade possível.
Esta edição foi concebida para proporcionar uma aprendizagem inteligente, de qualidade e divertida!

Gostou deste livro?

Um simples pedido

Estes livros existem graças às críticas que publica.
Pode ajudar-nos, deixando agora uma revisão?

Aqui está um pequeno link para
a sua página de revisão:

BestBooksActivity.com/Avaliacoes50

DESAFIO FINAL!

Desafio n° 1

Está pronto para o seu jogo grátis? Usamo-los a toda a hora, mas não são tão fáceis de encontrar - aqui estão os **Sinônimos!**
Escreva 5 palavras que encontrou nos puzzles (n° 21, n° 36, n° 76) e tente encontrar 2 sinónimos para cada palavra.

Escreva 5 palavras de *Puzzle 21*

Palavras	Sinônimo 1	Sinônimo 2

Escreva 5 palavras de *Puzzle 36*

Palavras	Sinônimo 1	Sinônimo 2

Escreva 5 palavras de *Puzzle 76*

Palavras	Sinônimo 1	Sinônimo 2

Desafio n° 2

Agora que já aqueceu, escreva 5 palavras que encontrou nos Puzzles (n° 9, n° 17 e n° 25) e tente encontrar 2 antônimos para cada palavra. Quantos se podem encontrar em 20 minutos?

Escreva 5 palavras de **Puzzle 9**

Palavras	Antônimo 1	Antônimo 2

Escreva 5 palavras de **Puzzle 17**

Palavras	Antônimo 1	Antônimo 2

Escreva 5 palavras de **Puzzle 25**

Palavras	Antônimo 1	Antônimo 2

Desafio nº 3

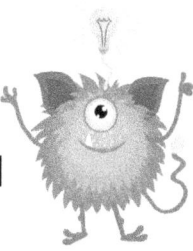

Óptimo! Este desafio final não é nada para si.

Pronto para o desafio final? Escolha 10 palavras que tenha descoberto nos diferentes puzzles e escreva-as abaixo.

1.	6.
2.	7.
3.	8.
4.	9.
5.	10.

Agora escreva um texto a pensar numa pessoa, num animal ou num lugar de seu agrado.

Pode utilizar a última página deste livro como um rascunho.

A Sua Composição:

CADERNO DE NOTAS:

ATÉ BREVE!

A equipa Inteira

DESCUBRA JOGOS GRATUITOS

GO

↓

BESTACTIVITYBOOKS.COM/FREEGAMES